U0564782

CHINA LEGAL EDUCATION RESEARCH

教育部高等学校法学类专业教学指导委员会
中国政法大学法学教育研究与评估中心 主办

中国法学教育研究
2021年第4辑

主　　编：田士永
执行主编：王超奕

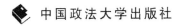

中国政法大学出版社

2022·北京

声　明　　1. 版权所有，侵权必究。

　　　　　2. 如有缺页、倒装问题，由出版社负责退换。

图书在版编目（ＣＩＰ）数据

中国法学教育研究.2021年.第4辑/田士永主编. —北京：中国政法大学出版社，2022.9

ISBN 978-7-5764-0753-2

Ⅰ.①中…　Ⅱ.①田…　Ⅲ.①法学教育－中国－文集　Ⅳ.①D92-4

中国版本图书馆CIP数据核字(2022)第252411号

出　版　者　中国政法大学出版社

地　　　址　北京市海淀区西土城路 25 号

邮寄地址　北京 100088 信箱 8034 分箱　邮编 100088

网　　　址　http://www.cuplpress.com（网络实名：中国政法大学出版社）

电　　　话　010-58908289(编辑部) 58908334(邮购部)

承　　　印　北京九州迅驰传媒文化有限公司

开　　　本　650mm×960mm　1/16

印　　　张　16.25

字　　　数　185 千字

版　　　次　2022 年 9 月第 1 版

印　　　次　2022 年 9 月第 1 次印刷

定　　　价　70.00 元

目 录

百花园

Spring Garden

法学教育

Legal Education

法学教育中的实践与法律实践中的教育[*]

魏建新^{**}

摘 要: 法学教育来自实践需求,法律职业决定着法学教育的培养目标,只有从法律实践中学习法律,才能在法律实践中运用法律。当前的法律实践教学虽有一定探索,但仍然存在着片面性和局限性,并在一定程度上出现实践流于形式的问题。这是受到以意识形态为主导的传统法学教育的影响。传统的法学教育过多关注法学理论体系和逻辑体系的构建,忽视法律应用能力的训练,致使法学教育与法律实践存在脱节、与法律职业需求存在紧张关系。调整法学教育以学科理论为主的教育模式,转变为以精英人才为主的教育目标,以此确立法律职业人才的培养方式才是社会发展的现实。法律实践

* 本文系天津市教育科学"十三五"规划课题"天津职业教育政策法规体系研究"(编号:VE3121)的阶段性成果。

** 魏建新,法学博士,天津师范大学法学院教授。

教学追求在真实的法律实践中教学，至少是接近于法律真实来理解法律、掌握法律和应用法律。因而法律实践教学就需要法学教育机构的法学教育与法律实务部门的法律实践进行深度融合，这既有利于地方高校摆脱法学教育同质化的倾向，也有利于提升学生对法律职业的认同。

关键词： 法学教育　法律实践　法律人才　法律职业

一、法学教育与法律实践

正如霍姆斯大法官所言，也是法律人广为传诵的名言："法律的生命不在于逻辑，而在于经验。"法律是经验性的，法学作为法律的学问，也应该是实践之学，"法律教育的产生完全是实践的需要并为实践服务"[1]。

（一）法学教育来自实践需求

关于法学教育的目标，历来有三种观点：精英说、职业教育说和通识说。[2] 各种观点实际上都是对所处历史时期的不同认

---

〔1〕 周汉华：《法律教育的双重性与中国法律教育改革》，载《比较法研究》2000 年第 4 期。

〔2〕 郭明瑞、王福华：《创新法学教育 推进依法治国——"现代法学教育论坛"综述》，载《法学论坛》2001 年第 5 期。

识。不同历史阶段的法律变迁都影响着对法学教育的认识。[1]
法律人才的培养模式一定是与当时历史时期的政治、经济、文化、科技和教育水平相适应，教育的最终目的还是要服务于社会发展。社会各方面对法律人才素质的要求决定着培养模式的变化，"社会对法律人才的特殊要求，形成对法学教育最基本的规制"。[2] 法学教育应深刻认识自身所处的时代，只有这样才能够培育出满足社会要求的法律人才。以社会发展需求为导向才是法学教育的基点。

在党的十八届四中全会提出进一步推进依法治国的形势下，培养法治国家所需要的法律人才就构成了法学教育的全部内容，而法学教育中以培养法律职业人才为目标的职业教育就成为法治建设的时代要求。法学教育之所以与职业教育密切关联，这首先在于法治、法学的本质要求。法治不仅仅是一种价值观念，更是一种实施的技术，"法律适用过程要复杂得多，法治原则的体现方式也复杂、微妙得多"。[3] 法学教育以培育学生法律职业技能

〔1〕 "文化大革命"后，当我们经历了无法无天的浩劫之后并决定推行法治并恢复法学教育的时候，我们理所当然地努力强调法学的独立性，强调法学的科学性，强调法学教育的系统性和完整性。法学教育摆脱传统的"政法"标签，建立起独立的法律系或法学院，法学不再是根据政治斗争需要而用法言法语诠释政治文件的工具，不再是"专政学说"的附属理论，法学首次作为一个独立的学科，成为我国高等教育的一个主要领域。在这种背景下的我国法学尤其忌讳有人置疑的理论性及其在人文教育中的正当性，因而在有人把法学称为"幼稚的法学"或"没有学术底蕴"的应用技术时，无疑就触动了我国法学教育中最为敏感的神经（也是其薄弱环节），更加坚定了我国法学教育者完善法学科学性和加强法学教育学术性的信念。然而当社会舆论认为法学教育脱离了社会实际或法律执业者批评法学教育与实践差距太大时，我们又强调法学的社会性，强调法学教育的职业性和实践性。王晨光：《法学教育的宗旨——兼论案例教学模式和实践性法律教学模式在法学教育中的地位、作用和关系》，载《法制与社会发展》2002年第6期。
〔2〕 付子堂、周祖成：《新世纪中国法学教育的转型与趋势》，载《太平洋学报》2006年第7期。
〔3〕 葛云松：《法学教育的理想》，载《中外法学》2014年第2期。

为目标，是基于法治实施的需求。

法学教育目标就是培养法律职业人才，"实质上就是一种高等职业教育"[1]。有一种认识误区：把法学教育定位在职业教育，似乎就是降低法学教育的品味。为了显示所谓的法学教育品格，通过法学教育试图培养法学大师的做法，实际上是"一个从来没有实现的梦想"[2]。事实上，正是没有确立法律职业教育观，导致当前法学教育脱离法律实务，法律人才的职业性严重不足。法律职业决定着法学教育的培养目标，引导着法学教育的发展方向，影响着法学教育的课程设置和教学内容。

（二）法学教育的本质是实践性

法学不仅仅是社会科学的组成部分，更是"一种职业知识所构成的体系"[3]。法学是法律实践的学问，是以特定概念和原理来探求法律问题答案的学问。实践性是法学的学问品格，经验理性是法学的实践性格。[4]

法学作为实践性的学科已成为共识，但法学教育的实践本质并未得到广泛认同。纯粹的理论教学只能知道纸上的法律，真正的法律必须从社会生活中获得。最符合逻辑和经过严密推论所得出的规则，可能因为不适合社会环境而使对它们的实施有违于法

---

〔1〕 胡玉鸿：《国家司法考试与法学教育模式的转轨》，载《法学》2001 年第 9 期。

〔2〕 方流芳：《中国法学教育观察》，载贺卫方主编：《中国法学教育之路》，中国政法大学出版社 1997 年版，第 33 页。

〔3〕 孙笑侠：《作为职业知识体系的法学——迈向规范科学意义上的法学》，载《现代法学》2007 年第 4 期。

〔4〕 舒国滢：《并非有一种值得期待的宣言——我们时代的法学为什么需要重视方法》，载《现代法学》2006 年第 5 期。

律的目的。[1] 法律是实践经验的总结，法律学习需要来自实践的检验。法科学生不仅要理解纸上的法律，更要懂得生活中的法律。法科学生从课堂上了解到的法律条文，需要通过法律实践才能消化、才能真正理解、才能找到法律知识的不足、才能真正让法律学习充满无限可能。

法律技能是纸上法律通往生活中法律的桥梁。技能是运用知识去完成特定任务的能力，既包括知识技能也包括身体技能，技能需要反复练习才能形成，技能"往往是不可言传的，仅能以实际操作的方式加以表演或演示"[2]。法律条文是从社会生活中提炼出来的规则，是具体生活经验的总结。法科学生领悟并运用法律规则必须回到具体的社会生活中去。法科学生习得法律技能需要亲力亲为，需要具体化的法律场景。法律技能"仅存在于实践中，并且获取它的唯一方法是通过学徒制来掌握，这不是因为师傅能教他，而是因为这种知识唯有通过持续不断地与长期以来一直实践它的人相接触才能获得。"[3]

纸上的法律规则是历史经验的表达，生活中的法律是社会生活中的新问题，法律实践本身就是一种创造性的活动，"从抽象的正义到个案的具体正义，从普适性的法律规范到具体事实中的行为规范和法律结论都需要具有创造性的努力。"[4] 案件是法律

〔1〕 ［德］K. 茨威格特、H. 克茨：《比较法总论》，潘汉典等译，贵州人民出版社 1992 年版，第 439 页。

〔2〕 夏正江：《论知识的性质与教学》，载《华东师范大学学报（教育科学版）》2000 年第 2 期。

〔3〕 ［美］理查德·A. 波斯纳：《超越法律》，苏力译，中国政法大学出版社 2001 年版，第 44 页。

〔4〕 王晨光：《法学教育的宗旨——兼论案例教学模式和实践性法律教学模式在法学教育中的地位、作用和关系》，载《法制与社会发展》2002 年第 6 期。

的外在表现，真实的案件是法律现实的存在，法律从来不是脱离社会而独立存在的。法律实践需要真实的案件，需要在真实的案件中考虑法律以外的政治、文化、道德、传统等问题。通过法律实践，法科学生才能逐渐形成认知法律、运用法律的思维方式和技能。成为真正的法律人才关键不在于掌握多少法律知识，而在于运用法律处理社会问题的能力。[1]

二、法学教育模式的转型

（一）传统法学教育模式的社会基础

法学教育的理论化是传统法学教育模式的特点，传统法学教育模式"不太关注法律规定在现实中的具体运用或现实究竟发生了什么"[2]。传统的法学教育重视理论传授，强调构建法科学生的理论知识体系，从而忽视法律的实践运用和职业技能的培养，造成纸上法律与生活法律严重脱节，使得人才培养模式呈现出理论化的倾向。虽然在传统法学教育中也推行一些法律实践教学，但偏重理论体系的教学仍占据主导地位。

传统法学教育模式的存在有两个方面的原因。一是受之于传统的教育理念。自古依赖教育注重人文知识，注重知识的传承和知识体系的构建，中国传统教育是文史哲主导的模式，法学教育基本上停留在理论分析、法律诠释阶段[3]，忽略操作技能，忽视实践技能的培养。二是理论讲授的方法受苏联以及新中国成立

---

〔1〕 付子堂、周祖成：《新世纪中国法学教育的转型与趋势》，载《太平洋学报》2006 年第 7 期。

〔2〕 周汉华：《法律教育的双重性与中国法律教育改革》，载《比较法研究》2000 年第 4 期。

〔3〕 苏力：《当代中国法学教育的挑战与机遇》，载《法学》2006 年第 2 期。

初期法学教育目标的影响。法学教育的目标是"培养专政人才"，满足新生政权对"政法工作干部"的需要，法学教育以政治教育为主，偏重于对政治要求的服从和回应。[1] 长期以来法学教育一直遵循着精英教育的理念，这使得法学知识不被作为一种专业知识看待，并且对法律职业化采取排斥态度。[2]

传统法学教育模式下培养的法律人才与法律职业人才的现实需求一直存在着紧张关系，导致法学毕业生就业形势愈加严峻，形成表面上法律人才供大于求，而实际上高素质和高层次的法律人才却依然严重缺乏的局面，"中国当代法学院所提供的知识有许多并非法官所需要的，而法官急需的又并非法学院所能提供，应当说我国目前法学院的知识是严重落后于中国社会发展现实的。"[3] 这种现象也是当前法律专业就业率低的一个重要原因。

（二）实现法学教育模式转型是社会发展的需要

从市场经济的角度看，各类市场主体需要专业的法律服务。如果让法科学生在学校只是完成法学理论的学习，那么此种法学教育已经不适应市场经济的要求，"市场需要学生在学校就完成从理论到实践经验的跨越。"[4] 法治是市场经济的基本构成，市场经济越发达就意味着越需要法律专业人才，这也意味着法学教育不能只为国家政权机构培养人才，还要为经济社会发展培养人才。

---

〔1〕 付子堂、周祖成：《新世纪中国法学教育的转型与趋势》，载《太平洋学报》2006 年第 7 期。

〔2〕 法学教育与法律职业实际上一直处于分离状态，而这种"相分离的局面始于20 世纪 50 年代"。霍宪丹：《中国法学教育反思》，中国政法大学出版社 2007 年版，第 65 页。

〔3〕 苏力：《法官素质与法学院的教育》，载《法商研究》2004 年第 3 期。

〔4〕 佟连发、王志权：《现代学徒制与中国法学教育改革》，载《社会科学家》2014 年第 1 期。

在当前建设法治国家和法治社会的过程中，要建立以法律为主要秩序规则的社会。在维护社会秩序中法律将替代其他社会规则取得统治地位，这就需要社会分化出一个专门从事法律的行业——法律职业。法律职业是以具有专业化法律知识和法律技能的法律人才为依托。只有靠精通法律知识和法律技能的专业人员来实施法律，才能确保法律规则在社会规则中的统治地位。"法律职业不断发展变化的要求是法学教育发展变化的源泉和动力。"[1] 当社会纠纷愈来愈复杂时，法律规则也愈来愈复杂，依靠法律来解决纠纷，就更需要专门的职业训练来培养法律人才。

传统法学教育欠缺法律技能、司法技艺、法律职业伦理的培育，传统法学教育的目标是法学研究型人才。法律职业技能的训练更应当是法学教育的主要任务，而能否培养出法学研究型人才甚至法学大师，那也是在法律职业人才基础上形成的一部分少数，"一个社会既不需要、也不可能产生大量的法学大师。"[2] 变革传统的法学教育模式，改变非职业化的精英人才的教育目标，确立以法律职业人才为主的培养方式才是社会发展的现实。

三、法律实践教学的反思

（一）当前法律实践教学中的问题

将实践融入理论教学中是当前法学教育的主要方式，意图达到理论联系实际的目的，但在具体的实践教学中，存在着片面性和局限性的问题，使得实践教学处于一种自由放任的状态，在一定程度上出现教学中的实践环节流于形式的局面。

---

〔1〕 洪浩：《法治理想与精英教育——中外法学教育制度比较研究》，北京大学出版社 2005 年版，第 42 页。

〔2〕 方流芳：《中国法学教育观察》，载《比较法研究》1996 年第 2 期。

1. 模拟法庭

模拟法庭可能是当前法学教育中常见的实践方式，被称为"法学院到法院的桥梁"。很多法学院（系）大都建立了标准化的法庭实验室，但由于庭审过程简单，使得庭前准备成为彩排，庭审变成事先排练好的形式表演，并最终沦为戏剧成分的实景演出。庭审没有程序的对持，没有利益的对抗，学生在其中只是扮演"角色"，而不是在实践"角色"。模拟法庭除了让学生熟悉诉讼程序和复习法律知识外，并没有得到法律思维和法律技能的真实锻炼。模拟法庭的缺陷在于其本质是"模拟性"而非"真实性"，案件是选择的，事实是明确的，证据是固定的，辩论是设定的，判决是确定的，模拟法庭被简化为对成功案例的重复。学生缺乏真实的案件体验，"缺乏对案件的理解和思考，缺乏职业基本技能的展示和相互竞争的价值的权衡，以及缺乏对现实中那些判决对其自身职业的具体意义的思考。"[1]

2. 实习

法学教育发展至今，实习已成为法律实践的基本方式，实习也是法学的必修课程内容。但是实习很难达到必修课的课程要求、目标定位不清晰、任务也不明确。[2] 在法学教育的实习环

─────────────

〔1〕 佟连发、王志权：《现代学徒制与中国法学教育改革》，载《社会科学家》2014 年第 1 期。

〔2〕 "安排学生实习，包括鼓励学生在假期参加社会实践，以及毕业前的专门实习。但是，经过简单分析就可以发现，这些活动并不能称之为课程，因为它根本就不贯彻方法指导问题，而只是学生到一个实践单位进行自我体验而已。这种体验和未来毕业后的体验在方法上有没有什么不同呢？显然没有。如果如此简单地设置实习，大可以取消，让学生早点毕业走入社会算了。如果这样的活动也可称之为大学教育课程的话，那么所有在实践单位的人都在接受大学教育了。"龙卫球：《美国实用法律教育的基础》，载《北大法律评论》（第 4 卷·第 1 辑），法律出版社 2001 年版，第 214 页。

节中，不管是学生的个人实习总结，还是带队教师的实习指导，或者是实习单位的实习鉴定，这些法科学生最重要的法律实践能力都缺乏明确的衡量标准和评价指标。更多的法律实习是为了完成任务，比如在实习的名义下，一些学生或者忙于求职，或者忙于考研，或者忙于行政事务，即使从事一些法律业务也只是作为配角进行辅助性的服务工作，而极少能真正从事法律专业事务。事实证明，在实习中学生没有真正参与法律实践，几个月甚至半年的实习对于法科学生法律职业思维和技能的初步养成是远远不够的。

3. 案例教学

在法学教育中，案例教学有时也被视为实践教学的一种形式，但这只是一厢情愿的想法。案例教学更多是对法律规则的阐释和巩固，案例教学简化为举例教学，这样的案例教学并不是真正意义上的实践教学，对提高学生的实践能力没有多少意义。如果在课堂上把案例教学简化为讲法律故事，讲案件的推理过程和讲法院的判决结论，这样的案例教学实际上仍然属于传统法学教育模式，只不过在用实例来解释相关的法学理论而已。

4. 庭审旁听

旁听案件审理，这一方式对于学生法律职业能力的提升和法律思维的锻炼，所起的作用也是微乎其微。在诉讼审判前，旁听学生对将要审判的案件事实并不真正了解，通常情况下案件事实都比较复杂，审判的时间比较长，而旁听时间又相对有限，作为旁观者的学生不可能真实地体验案件的完整过程。所以庭审旁听不能被认为是实践教学。

5. 法律诊所

部分法学院校通过设立法律诊所的模式进行法律技能教学，

这在一定程度上发挥了积极作用。法律诊所最大的特点是给予学生接触真实案件的机会，使学生能真正地融入处理一个法律案件所需要经历的复杂事实中，并让学生能逐步分析去探求法律结论。但由于资金和数量限制，真正能够参加法律诊所的学生非常少，并且受制于当前法律职业制度的条件，即使参与法律诊所的法科学生，其相应的法律职业技能也没有获得预期的提升效果。[1]

（二）当前法律实践教学的质疑

当前的实践教学为什么都不能认为是法律实践呢？由于多数人将实践看作是与理论相对立的领域，为了解决理论教学的局限性，就加强实践教学，比如通过加大实践性课程比重、定期开展模拟法庭、让学生到法律实务部门实习等方式，但在所谓的实践活动中并不能增强学生对于法律的理解，也难以使他们真正地提升法律技能。表面上把加强实践训练搞得轰轰烈烈，但实际上却只是弄出了一些没有实效的花架子。因为实践本身是法律规则的普遍性与法律案件个别性的结合，当普遍的法律规则被运用于具体的案件时，法律规则在法律案件中还需要调整和适应，法律实践就是普遍法律规则与具体法律案件相互调试的过程，只有在不断调试中才可能习得法律技能。

我国法学教育的传统是人文主导，并且长期受意识形态的影响，导致实施职业教育的培养方式与传统认识存在激烈冲突。法学教育的效果受制于法学教师的专业视野，"知识并不自动发挥作用，它必须附着于教师，而教师的知识一旦基本定型，由于路

---

〔1〕 姚尚贤：《当今中国法学教育反思——以法学高等教育为例》，载《中山大学研究生学刊（社会科学版）》2013 年第 3 期。

径依赖或专有资产的问题，就不大容易不断自我升级更新，"[1] 当前在职的师资所受的法学教育基本上是传统的教科书讲授和课堂理论教学，"绝大多数法学教师的知识结构都已经被旧有的法学教育体制局限在了一个非常狭小的范围之内"[2]，法学教学采取像教授历史、文学和哲学一样的教学方式，"其基本特点是书本到课堂，黑板到笔记，法条到术语，虽系统但缺乏针对性，虽原理却缺乏分析力，虽举例但缺乏实战性。"[3] 缺乏法律实务经验的法学教师对于法律实践教学就有些力不从心。

四、法律实践教学的创新

通过法学教育模式转型，来实现法律实践教学的创新。提升法律职业技能和增强法律职业伦理是法律实践教学的目标，法科学生在法律实践教学中能自主、自发、自觉地掌握法律技能，获得职业认同，并提升社会适应性能力。

（一）法律实践教学亟待解决的两个问题

1. 地方高校法学教育要摆脱同质化

在我国高等教育逐步实现从精英化到大众化的背景下，地方高校法学教育需要克服同质化的问题。何谓同质化？就是地方高校的法学教育，不管是在培养人才的目标上，还是在培养模式上，出现大同小异、千篇一律的问题。地方高校要在大众化的法学教育中有所发展，就应当体现"个性化"的办学模式，创出

---

[1] 苏力：《当代中国法学教育的挑战与机遇》，载《法学》2006 年第 2 期。

[2] 冀祥德等：《中国法学教育现状与发展趋势》，中国社会科学出版社 2008 年版，第 184 页。

[3] 孙笑侠：《法学教育的制度困境与突破——关于法学教育与司法考试等法律职业制度相衔接的研究报告》，载《法学》2012 年第 9 期。

"地方特色"。地方高校法学教育的突破就是创新法律实践教学，就是要利用地域优势，挖掘地方性的法律资源，对接地方法律实务部门的需求，在地方的法律实践中培养法律职业人才。地方高校的办学优势就是法律服务于基层，服务于地方经济社会发展。地方实施法律的实际情况为法律教学提供了丰富的教育资源，从地方法律实践出发，在实践教学中让法科学生对社会生活中的法律有更深刻的切身体会，通过学习教材之外的知识，来适应复杂的社会环境，初步积累适用于地方的法律实务经验，并逐步提升法科学生的法律实践能力。

2. 法学教育要为法科学生养成法律职业伦理奠定基础

职业伦理是职业活动获得具体社会角色及其社会权利与义务、责任的规定。[1] 中国法治建设需要确立对法律的信仰，需要法律职业共同体对法治的坚守和维护，法律职业共同体不仅是知识上的法律职业共同体，更是精神上的法律职业共同体。法律职业伦理不是通过简单说教就能养成的，它需要在法律实践中引导、熏陶和体验，潜移默化中逐步形成。法律职业伦理教育属于道德教育，取决于法科学生在情感或态度上对法律职业的理解和认知。这需要受教育者对法律职业活动的亲身体验，只有在特定案件中人与人之间的法律职业关系中才能真正理解法律职业，只有在特定案件的法律角色承担中才能完成对法律职业的认知。"实际上，职业伦理教育的缺失在高校中普遍存在。"[2] 法律实

---

〔1〕 "把从业者视为按照职业来加以区分的特定的社会角色，并在此定位基础上对其权利与义务做出规定，这样来说，职业伦理其实就是角色伦理。"康健：《职业伦理与职业精神》，载《光明日报》2000 年 6 月 6 日。

〔2〕 万玉凤、刘蔚如：《学完"职业伦理"再毕业》，载《中国教育报》2015 年 4 月 24 日。

践教学的创新就是要为法科学生提供真实情感体验的案件环境，在训练学生法律技能和法律思维的同时，为逐步养成法律职业伦理奠定基础。

（二）法律真实是对法律实践教学的更高要求

法律实践教学不应该是法律知识的简单模拟演练，而应该身临其境，把抽象的法律知识运用到案件实践中。法律实践教学意味着法科学生参与真实案件的机会，能从琐碎事实中剔除无关事实提炼有效事实，参与搜索和固定所需的法律证据，在法律真实中锻炼法律思维，提升法律技能，形成法律职业认同。

法律实践教学为什么一定要追求法律真实或者接近于法律真实呢？法律案件可以通过描述、演练等"模拟"方式来再现，法科学生也可以通过想象来复原和分析案件事实，但"模拟"的局限性是显而易见的，"模拟去除了人类因素以及在现实生活中所不可避免的不确定性。"[1]法律不是在真空中产生，也不是在真空中运行，法律也不可能在自我封闭中运行，法律产生于社会生活实践，法律运行是在与其他社会现象的相互作用中实现。法律职业人才"不仅要学习法律条文，而且也应当对其他社会现象有所了解，应当有能力对事实进行判断，有能力与各种当事人打交道。"[2]正是因为法律真实或接近于法律真实的案件存在着未知

---

〔1〕 ［美］杰伊·波顿格尔：《现代法学教育中的"诊所"概念》，载《走向世界的中国法学教育论文集》，中国人民大学法学院编 2001 年版，第 715 页。美国耶鲁大学法学教授波顿格分析"模拟"方式存在四个方面的问题：一是"模拟"是对现实生活的一种简单甚至粗暴的切割；二是"模拟"无法面对真正的道德压力与道德选择，因而也就无法真正提升学生的职业伦理水准；三是在"模拟"的过程中，学生无法真正作为平等的参与者进入角色；四是"模拟"容易导致以自我为中心的不正确理念，而忽视了律师本身就是生活在"律师—客户"的关系之中。

〔2〕 陈建民：《从法学教育的目标审视诊所法律教育的地位和作用》，载《环球法律评论》2005 年第 3 期。

的不确定性,才会给学生带来挑战和压力。也正是因为来自实践中的真实问题,才能激发学生参与的兴趣,调动学生解决问题的积极性,最终把学生引入法律职业角色中。

(三)创新法律实践教学的途径:法学教育机构与法律实务部门的深度对接

针对传统法学教育模式所带来的弊端和当前法律实践教学的局限性,法学教育模式转型就需要创新法律实践教学。当然,即使创新法律实践教学,只能"是对于传统模式的修正、弥补和补充。"[1] 通过法学教育机构与法律实务部门的深度对接来培养法律人才是创新法律实践教学的新方式,法学教育机构与法律实务部门的全面合作是法科学生进行法律实践的基础。通过从事法律实务的用人单位来参与办学,从而实现学有所用,以最小的投入获取最大的产出。[2] 深度对接和全面合作的法律实践教学模式,以基层法律实务需求为导向和全程协同办学的思路,充分挖掘地方法律实务资源,开辟新的法学办学领域。深度对接的法律实践教学不仅仅是与法院、检察院和律师事务所对接,还应当与地方政府的执法部门、社区以及各种类型的社会组织和企业中的法律实务部门对接。深度对接的法律实践教学强调对接的长效机制和交流的双向性,法学教育机构和实务部门在培养法律人才的目标定位、课程设置、教材编写、教学安排、考核方式和毕业实习等方面进行深度合作,法律实务部门还应当充分参与法科学生法律实践能力培养的全过程。

---

〔1〕 王晨光:《法学教育的宗旨——兼论案例教学模式和实践性法律教学模式在法学教育中的地位、作用和关系》,载《法制与社会发展》2002 年第 6 期。

〔2〕 李庆:《法科生"临床"实践解法学教育痼疾》,载《法制生活报》2008 年5 月 14 日,第 4 版。

深度对接的法律实践教学营造了与校园课堂教学完全不同的学习空间，法学教育机构与法律实务部门深度对接并共同构建法律职业教育共同体，为学生创设了亲身体验法律职业实践的机会。法律实务部门为学生提供了获取直接和一手经验的机会，使学生在法律真实的环境中进行有效的法律技能学习，让法学教育成为学生积极参与性的教育。面对复杂的真实案件，没有固定的答案与解决方法，这就要求学生运用法学理论和法律知识进行实际工作式的分析和思考，深度对接的法律实践教学让学生处在法律实践的群体中，通过法律职业者的言传身教，来增强学生的角色身份和实现法律职业认同，并进而能够快速成为独立且熟练的法律职业者。

研讨式教学方法在法学本科教学中的培植与运用[*]

高思洋[**]

摘　要：法学本科教育的目标是培养德法兼修型人才。研讨式教学方法与传统"一言堂"教学方法相比，注重学生的主体地位，注重学生法律思维的培植，注重学生综合能力的提升，也注重教师在研讨式教学中的定位与修为。研讨式教学方法的提出将走出原有教法的窠臼，改变学生对法律知识获取方式的认知，从而构建有效的学习生态。

关键词：研讨式　法学　修为　方法　教学方法

法学是普通高等学校本科专业，属法学类专业，基

---

　*　内蒙古大学优质课程项目"刑法总论"（编号：MYZK1908）。
　**　高思洋，硕士研究生，内蒙古大学满洲里学院讲师，研究方向：中国刑法学。

本修业年限为 4 年，授予法学学士学位[1]。法学专业要求培养系统掌握法学理论基础，熟知我国法律和党规，能在国家机关、企事业单位、社会团体，特别是能在立法机关、行政机关、检察机关、审判机关、仲裁机构和法律服务机构以及涉外、涉侨等部门从事法律工作的专门高级人才。我国高等法学教育肇始于 19 世纪末，即 1862 年在北京成立的同文馆[2]。新中国成立后，我国开始借鉴苏联法学教育模式，构建以马克思主义为指导的法学教育模式。1950 年我国第一所正规的高等法学教育机构——中国人民大学法律系正式成立。走过七十余年风雨兼程，我国已经发展成为拥有百余所法学院校的法学教育大国。历经半个余世纪的发展，法学本科教育在授课内容与形式上均发生了巨大变化，在教学内容上表现为：突破"唯苏论"的教学内容格局，并开始向"多元论"的教学内容格局转向。比较法的教学方法成为法学教育中常见的教学方法之一，在实体法教学中，如民法、刑法等法学子学科中开始援引德国与日本的相关理论制度来镜鉴我国制度的不足，并对我国未来制度的基本走向做出预测。程序法中，越来越多源自于英美法系成熟的程序性规则不断涌入法学本科教育中，使得人们开始不断检审我国诉讼程序自身的不足，并不断精进诉讼规则。总而言之，与以往的教学内容相比，现有法学教育的内容既注重我国立法传统的制度传授，也注重比较法在教学中对学生法学思维培养与视域的开拓。在教学形式上不断地推陈出新，包括融通型、翻转型与案例型等诸多教学方法，这些方法开

---

[1]　教育部高等学校教学指导委员会：《普通高等学校本科专业类教学质量国家标准》（上），高等教育出版社 2018 年版。

[2]　饶艾、李永泉：《利用工科优势培养复合型法学人才——21 世纪法学人才培养模式探索》，载《西南交通大学学报（社会科学版）》2001 年第 4 期。

始运用于法学课堂上。近些年还兴起了新生案例研讨的新教学方法，但是主流的教学方法仍然采取"一言堂"即讲—听—记的教学模式。这种主流教学方法也存在诸多疑问：第一，传统的教学方法是否能够适应当代法科学生的学习与认知习惯？第二，传统教学方法易衍生出"极端教学"的问题，即教师处于绝对主动，学生处于绝对被动的角色，这一角色的配置能否达到最优的教学效果？第三，随着时代的发展与进步，社会变迁是一个不争的事实，构建新型"法学知识生态"是每一名法学教师需要认真思考的问题。知识的界定开始由静态向动态模式转向，知识的半衰期也由原来的长期向短期转变，法学知识的获取不应该采取过去单一的灌输、挤压和机械主义的教学模式。知识的学习不是消费学习产品，而是在学习过程中不断总结、积累、更新学习技能与方法，使得学生更好地适应不断变化的社会环境。既要重视对学生法学知识体系性建设的培植，也要重视学生法学思维与方法的培育。既要注重学科内部连接点的建立，也要注重本学科与关联学科连接点的建立。通过时间的积累逐步建立知识网络体系，促进法学知识生态的形成，并最终达成学习的目标。因此研讨式教学方法的培植与运用为实现这一目标提供了行之有效的进路。

一、现有法学本科教学方法现状与问题

现有教学方法可以概括为如下三种方法："一言堂"教学法、案例教学法与翻转课堂教学法。这三种教学方法是目前法学高等教育中最常见的教学法，应肯定其积极价值，但是其在教学实践中存在的问题也不能小觑。

"一言堂"教学法是一种较为传统的教学方法。在教学课堂

中，教师处于中心地位，教师居于核心并传授法学知识，学生通过课堂听讲接受法学理论知识，并记录笔记。即"讲—听—记"的模式。但囿于部分专业课面临内容多而课时少的局面，授课教师往往也会提前将讲稿或 PPT 整理成讲义提前发放给学生，在课堂上形成"讲—听"的模式。这一传统的教学模式存在的问题可概括为：第一，学生处于被动接受知识的状态，教师则处于主导的地位。课堂上学生仅是对法律知识机械性记忆，其主动分析和思考能力逐渐降低，致使法学教学变得枯燥乏味。学生遇到较为抽象的制度及学术观点争鸣性问题时，不用谈基本立场的择取，就连基本观点的阐述也是模糊混乱。例如在刑法教学中学术纷争较为浓厚，刑法语言较为确定，学生最头疼的就是观点理论的展示，不同学术立场不仅仅对量刑轻重产生影响，甚至对罪与非罪界定的影响也是巨大的。如刑法中"偶然防卫"的定性问题，根据行为无价值论、结果无价值论和二元行为无价值论的立场得出的结论迥异。第二，传统教学法在攻关疑难问题与抽象理论时，往往导致学生学习积极性不高、厌学，逐渐丧失学习兴趣，并且课堂教学效果甚微。笔者认为学生在法学学习中，问题意识薄弱和探索精神不强是造成这一现象的主要因素。但学生缺乏探索精神与创新意识归其根本还是课堂上缺少针对性的教学设计。传统教学中纯粹的"拿来主义"和"接受主义"导致这一问题越发严重，加之多数高校对教师的晋升职称、绩效考核以科研结果多寡论英雄，更使得该问题雪上加霜。第三，部分专业课由于受到课时所限，致使授课教师为完成教学任务，在课程设计中忽视学生参与，导致师生互动性不强。加之部分教师照本宣科，更有甚者在课堂直接播放他人教学视频，导致课堂反馈效果不佳。限于课时的原因，授课教师经常为了完成教学计划，进行加速和加压的灌输式教学，课堂互动环节、讨论环节和答疑环节一概省略。在教学后期，为了完成教学计划，以期末考试作为导向，只谈所谓的重点，其余一讲带过。这些都是传统教学方法滋生的问题。

案例教学法最早可以肇端于古希腊时期，由哲学家苏格拉底创立，在 1870 年时任美国哈佛法学院院长的柯里斯托弗·格伦姆布斯·朗德尔助推下，被广泛运用于英美法系判例教学，后被拓展应用于法学、医学等学科教学中，被誉为"哈佛模式"[1]。它运用实践中具体的判例分析有关概念与原则，是一种寻找法律理论与实践办案恰当、有效结合点的方法[2]。我国法律以成文法为主的传统与大陆法系的立法文化相似。法律知识传授多以教义的方式阐释成文法的规制、原则和制度。判例并非我国立法断案的传统与渊源，在法学教育中也多采取案例而非判例的方法来授课。案例教学法在我国法学教育中存有一段时间，但是在适用的效果上，特别是在地方法学院校上还不是很理想。主要问题可以概括为：第一，形式大于实质。英美国家案例教学操作的程序是先准备一本案例教材，教材中收录一些典型案例、疑难案例或具有启发性的案例，学生根据教师的课前布置，事先预习案例的基本事实、审判的根据和判决，并做好发言提纲。课上教师做好引导式发言，引导学生讨论、交流和分享。但在一些院校所设立的案例教学课程中，授课老师将教学完全交给学生，没有课前提示、课中引导、评述与延伸等内容，或做敷衍式评述，以至于无

〔1〕 吕辉：《法学本科新生案例研讨教学研究》，载《黑龙江省政法管理干部学院学报》2017 年第 1 期。

〔2〕 方照明主编：《法学专业人才培养与教学法研究》，中国政法大学出版社2013 年版。

法到达预期的教学效果。第二,授课教师缺少司法实践经验。在选任授课教师的过程中应该增加司法实践经验的限制条件,其目的在于更好地还原司法实践的场景,增强课堂的情景化,提高学生的兴趣。第三,"唯案例模型"现象较为严重。案例模型可以运用于理论课的讲授中,特别是在破解抽象制度上能使其具体化,效果较好。但是案例模型最大的弊端是脱离现实,预设成立条件过于理想化,缺乏情景化,不利于与司法实践有机统一。

翻转课堂教学法是由两个部分组成,即"线上自学"与"线下互动"。线上自学是指学生在课前或课外观看教师的视频讲解,自主学习,教师不再占用课堂时间来讲授。线下互动是指课堂变成师生之间和学生之间互动交流的场所。课堂的内容包括答疑解惑、合作讨论和完成学业等,其旨在于达到更好的教育效果。该模式肇始于 2000 年,美国莫琳·拉格、格林·普拉特等在论文《课堂投资》:创建开放式的学习环境中介绍了他们在美国迈阿密大学教授《经济学入门》时采用"翻转教学"的模式,但是他们并没有形成"翻转课堂教学法"理论[1]。直到 2007 年,美国科罗拉多州 Woodland Park High School 的化学老师 Jonathan and Aaron 在课堂中采用"翻转课堂式"教学模式,并在美国教育中推广使用。随着互联网的发展和普及,翻转课堂的方法逐渐在美国流行起来并引起争论。微视频的录制是该教学模式推进的前提,但该教学模式的核心仍然表现为线下互动。翻转课堂倡导把学生能够自己学会的内容全部交给自己,通过自主学习来完成知识的掌握。学生学习受阻或是需要知识延展时,再由教师引导或师生

---

[1] LAGE, M. J., PLATT, G. J., TREGLIA, M., "Inverting the Classroom: a Gateway to Creating an Inclusive Learning Environment", *Journal of Economic Education*, 2000 (5): 61.

互动来完成。翻转课堂是对启发式教学的回归和再认识，不是教学的本末倒置，更不是完全替代教师的代言人。[1]但笔者认为此教学法仍然存在不足并概括如下：第一，技术层面的问题。技术创新是该模式的最大特色，但在网络视频教学中约束学生并提升自律性也是现实问题，即使是在线视频教学也存在监视盲区及声音延迟的问题。第二，缺少有效的自律性考核标准。近些年笔者发现，自己所在高校的录取生源的成绩连年攀升，但是大部分学生入学后，学习成绩不太理想。笔者认为可将原因归咎于学生学习的自主性与自律性的缺乏。特别是在经历高三的超强度学习进入大学后，学生便成为"脱缰的野马"不断放纵自己，缺乏自律意识和自我管理能力。因此在约束学生自律性方面翻转课堂教学法还是有待建立相关的考核标准。第三，课程内容缺少系统性与统一性。微课程往往是授课教师对重点问题和疑难问题的讲解，这也导致法律知识往往呈现出"碎片化"的问题，缺乏整体性、系统性和统一性。这一现象会导致学生在学习中缺少对相关学科的整体和系统的把握，学科内部知识网的建立缺乏必要意识，学科内外知识网的构建也必然缺乏预先的培植，最终也无法形成法学知识生态。第四，课堂内外衔接不畅的问题。易言之，翻转教学模式是由学生自主学习与教师启发学习构成。但在实践中往往呈现出弱化后者的问题。在线下互动环节，要么继续使用"一言堂"的教学方式替代启发式教学，要么启发式教学流于形式，成为教师的"创新形象工程"。上述问题的产生，究其根本还是源于教师对启发式教育的思想内涵和价值意蕴没有搞清楚并弄明白，也难逃"蹭热度""为教改而教改"之嫌。

---

〔1〕 曹培杰：《翻转课堂面临实践困境》，载《中国教育报》2015 年 4 月 13 日。

二、研讨式教学方法的意涵与价值

（一）研讨式教学方法的意涵

研讨式教学方式并非我国独创，最早可追溯于小组研讨课模式，由德国柏林大学于 19 世纪初创设，并被推广至美国[1]。研讨教学法是指在法学教育中由授课教师来组织教学活动，包括课前准备、课中引导和课后总结。让学生作为课堂学习与分享知识的主体，教师在做好课前与课后的工作之余，在课堂上引导学生积极参与学习，这一方式有利于达到师生互动研讨和知识共享延伸的效果，有利于实现德法兼修和德才兼备的教育目的。通过研讨式教学法的设计使厌学的同学回归学习，通过研讨让同学们重拾自信，通过知识分享让同学们注重培养团队意识，通过设立平等的辩论使学生培养敏捷清晰的思维，拓宽知识视域并形成良性的知识生态。

（二）研讨式教学方法的价值

研讨式教学法的价值体现为：第一，有利于增强学生学习的自律性。研讨式教学方法重在"研"与"讨"。无论是"研"抑或"讨"都需要以学生为主体。学生通过授课教师在课前准备阶段布置的课题，展开学术资料的收集、汇总与过滤，形成课题报告，这体现了学生"研"的一面。学生在整理好课题报告后还需要设计报告的形式，筹划包括主旨报告、评议、自由讨论、答疑等环节，体现了学生"讨"的一面。课堂研讨结束后还需要根据课上汇报、师生交流与讨论互动所反馈的信息进一步完善课题报

---

〔1〕 吕辉：《法学本科新生案例研讨教学研究》，载《黑龙江省政法管理干部学院学报》2017 年第 1 期。

告，最终经过教师审核后分享给班级同学。所有的环节均以学生为主体，体现学生的主动性，这样的做法可以有效治愈学生"懒癌"的顽疾，提升学生学习的自律能力。

第二，有利于培养学生批判性与创新性的思维。传统的"一言堂"教学方法面临的最大的问题为机械主义的授课与听课模式，其会导致学生在被动学习的过程中缺乏批判精神。机械的记忆方法不利于创新思维的培育，学生一味地"拿来主义"会限制知识的流动性，消弭知识的活化性并阻碍知识的二次创设。在知识流经我们的世界和我们学习工作时，我们不能把它看成是唯一不变的实体，并以被动的方式来消费，我们应当以原创者没有设想的方法舞动或裁定知识[1]，这样做我们可以为知识赋予属于自己的所有权，提升知识自身的活跃性，通过知识之间的撞击拓展新的知识空间，形成知识网络生态，进而解决知识大爆炸所带来的人类思维后滞的局面。近些年随着《民法学》《刑法学》等学科内容趋欧陆法系化，越来越多的学派之争呈现出的问题进入法学本科的教育视野。如客观主义与主观主义之争、形式违法与实质违法之争、行为无价值与结果无价值之争，等等。因此对学生的学习要求除了应掌握基本理论知识之外，还需要注重培育学生的批判思维、立场择取思维和阶层判断思维，等等。中国的法学教育不是初等教育，在《刑法学》《民法学》等法学学科面临知识大爆炸的今天，用初等教育思维看待当今中国法学教育是不准确的，更是不负责的。意大利启蒙主义刑法学家切萨雷·贝卡里曾言："以几何学的精确度"去构建一座罪与罚层层对应的

---

〔1〕 ［加］乔治·西蒙斯:《网络时代的知识和学习——走向连通》，詹青龙等译，华东师范大学出版社 2009 年版。

"隐形阶梯"[1]。《刑法学》等诸多法学学科的学习不仅仅是法条文字的传送，与其说法学是一门社科专业，不如说是一门综合性专业。很多法学问题涉猎到哲学、社会学、伦理学、经济学和生态学等诸多领域。完成法学专业的学习，阅读仅仅是第一步，除此之外更重要的是，需要通过几何学的精度与多学科共存的知识体系建构来应对社会发展的需求。

第三，有利于提升学生的表达能力。中国大学生似乎有个一贯的通病，即保守、羞涩、腼腆，不喜欢表达自己的观点，不过在笔者看来，这似乎是对他们表达能力欠缺的一种最好修饰。学生在接受初等教育与中等教育的过程中，"唯学习论"和"学业优先论"成为学生价值追求的唯一目标，再加之为了追求升学率，初等和中等教育中的"满堂灌""一言堂"更是占据绝对的主流地位。似乎老师与家长已经达成心照不宣的共识，其他技能在所不问，一切为了学习而学习。当高中生经过多年沉淀进入大学，在一个相对开放的环境中似乎找不到学习方式，无法用清晰和流畅的语言描绘自己的思维。研讨式教学方法在"讨"这一环，包括课题报告、自由讨论、评议等，让学生在不断讨论、互动和答疑过程中，锻炼思维能力，提升口才表达能力。这一方式让学生的思维会愈发缜密，论证会愈发清晰，表达会愈发流畅，这也为学生未来就业提供了锻炼的空间。

第四，有利于凝聚学生的团队精神。当今大学生个性十足，无时无刻不在彰显自己的个性，向社会、学校"刷着"自己的存在感。似乎他们忘记了万里长城不是一个人建起来的，团结就是

---

[1]　[意] 贝卡利亚：《论犯罪与刑罚》，黄风译，中国法制出版社 2005 年版。

力量的价值内涵。传统的教学模式似乎阻却了师生互动和学生互动，导致学生团队意识淡薄成为一个不争的事实。因此研讨式教学方法在设计之初就考量了这一问题，主张学生要团队协作。报告人在认领课题时就需要组建自己的团队，在团队组建后，主持人要负责召集队员讨论大纲的拟定，任务的分配和评议人的安排等活动，这些都很好地体现了团队的协作精神。

第五，反向激励教师提升教学技能并加速知识的更新。研讨式教学方法在师生互动中将有效地激励教师及时更新所储备的知识。在知识信息化和网络化的今天，学生提问的问题时很容易成为授课教师知识的盲点。正如孔子所言："学然后知不足，教然后知困。知不足，然后能自反也；知困，然后能自强也。故曰教学相长也"[1]。研讨式教学方法除了可以互益师生外，还为师生在有效的时空范围内提供互相了解的过程，这不仅增加学生之间的情感，也为师生情感交流提供时机。

三、研讨式教学方法的设计与运行

(一) 课前准备阶段

第一，确立课题清单。教师可根据教学内容的重难点、自己的研究方向、社会热点和学生的兴趣等指标，确立课题清单，以供学生自由选择。

第二，框定基本结构。法学本科生的理论基础与知识结构不如研究生，教师需要在事前制定可供反复适用的研讨报告结构，对章、节、三级标题做出规范性说明，一方面防止学生脱离中心论题，另一方面也为撰写毕业论文打下良好的基础。

---

[1] 《礼记·学记》。

第三，建立鼓励机制。学生研讨中，教师保持中立，不预设观点，不提前发表结论，通过赏识教育，鼓励学生建立自信，勇敢发表自己的观点。

第四，教师与学生确立课程流程，确立各个阶段的具体时间，保留必要的机动时间。教师可以根据设计方案提出自己的意见，但是要尊重学生的独创设计。

第五，确保功能教室与教具准备充实。教师可根据学生的需要提前申请多媒体教室、智慧教室、案例讨论室和模拟法庭供学生们使用。教具可由学生自行准备或与授课教师协商确定。

（二）课堂的研讨阶段

第一，授课教师宣布课堂研讨规则。主旨内容为鼓励同学踊跃发言，教师保持中立，不提前预设观点。所有同学均有机会发表自己的观点。辩论、评议环节不做指责和攻击性评论，多采取鼓励和赏识的方式。

第二，课题报告人做主旨报告。课题报告人可以由一人或若干人组成。课题范围比较小的可以由一至二人完成。若课题范围较大可以研讨小组的形式分别报告。

第三，可设立情景案例。在报告人报告的结构中，如需通过案例法说明问题时，可采取情景案例法、短视频案例法还原现实案例场景，以激发同学们的想象。

第四，报告人在报告中要预设讨论的问题，要避免学生延续教师"一言堂"的模式。问题要具有争议性、现实性和理论性，以便于同学们广泛参与。

（三）课堂交流阶段

第一，小组发言阶段。根据自己预设的问题，进行小组讨论，最终由小组选派代表发言。发言的核心内容为报告人报告中存在的问题，对报告人提出举措的怀疑，方案的改进。在学术理论展示型问题中，可表明自己学术立场，阐释立场设定的原因及立场的优势与未来走向。

第二，自由发言阶段。自由发言阶段允许每个同学表明自己的立场。自由发言阶段报告人要对自由发言人提出的质疑做出回应，可以进行自由辩论。自由辩的目的不在于战胜，而在于进步。

（四）课堂的指导阶段

第一，点评。点评阶段可以由授课教师进行点评。点评的要旨：根据报告人的主旨报告、安排流程、对同学们发问的回应做出客观优与劣的说明。应尽可能对学员的积极表现进行肯定，同时也指出不足，如能力有待提升和理论支撑不足等要进行充分的说明。如存在案例情景演练等内容，更要评论案例与报告的契合度，说明"知"与"行"的差距，以引起学员的重视，便于课后的改进。

第二，研讨内容的延展。对于重点难点问题，在研讨中出现论证不足或论证盲区时，授课教师要做补充说明或延展说明以保证课程体系的完整与重难点问题的突破。

（五）课后总结阶段

第一，撰写总结报告。报告人可预设记录人记录必要的内容，或选用微格教室、智慧教室对研讨式教学全程录像，以便于事后通过录像回放发现问题，完善报告内容。报告人自行完善报告后需提交报告给授课教师，授课教师对其进行必要修改直到定稿。

第二，分享总结报告。报告人可根据最终的报告，做重难点问题专题说明，一般性内容可做主旨摘要，所引用文献可做文献引述说明，附在主旨报告后供同学共享。

第三，知识考核。在上述程序结束后，授课教师可以采用案例分析、学理论述、观点理论展示和画图等考试方式考核同学们课堂知识的掌握情况，最终形成有效的学习生态。

四、教师在研讨教学中的定位与修为

授课教师在研讨教学中扮演着极其重要的角色。授课教师在课前、课中、课后发挥着催化作用，以保障课程顺利推进，保证预期教学目标的完成。教师修为是研讨教学的内化因素，教师修为的高低优劣直接影响着教学质量与教师的定位。

（一）教师在研讨教学中的定位

首先在课前筹划阶段。授课教师在课前的筹划阶段要根据多年教学经验将教学内容以专题的形式划分若干章、节，通过细致框架的设定为做课题报告的同学框定一定的范围，避免出现跑题，文不对题等现象。做报告的学生在此阶段可以与授课教师就课程形式筹划、重点疑难问题等进行沟通。同时授课教师为保障课程顺利推进，可以制定相关课程规则。其次在课程推进阶段。授课教师在课程推进阶段，始终保持中立的地位不预设观点，尊重报告人及发言人、评议人的立场，并认真记录相关内容。报告人结束课程内容后，教师可以对疑难问题进行延伸讨论，对存疑的问题做进一步补充及结论性的发言。最后在课后总结阶段。课堂报告和研讨结束后，教师要按照事先制定的规则制定测评机制，就课题整体设计、课堂时间把握、疑难问题评析、互动讨论做出测评。课题报告人根据课上讨论互动情况，将最终报告的修改版提交给教师做最后的审核，成稿后供班级同学分享。

（二）教师在研讨教学中的修为

1. 高尚的道德情操是教师修为的基本要求

教师作为一种特殊的社会角色，必须具备特殊的角色人格。这种角色人格，首先体现为高尚的道德与美好的情操[1]。正所谓通过道德教化来培养学生全面发展，对学生的培育不仅仅是知识的传授，更需要注重德行培植，因为德才兼备型的人才是法学教育培养的根本目标。高尚的道德情操涵括二个维度，就宏观层面而言：应树立崇高国家观念、爱国情怀，要服务人民、忠诚于人民的教育事业。就微观层面而言，要尊重学生、爱惜人才、关爱学生，要严于律己、宽以待人。诚如俄国教育家乌申斯基所言："教师个人对青年人心灵的影响所产生的教育力量，无论什么样的教科书，无论什么样的思潮，无论什么样的奖惩制度都是无法替代的。"因此在推行研讨式教学方法时要注重在各个环节上贯彻思政与德育的理念，培植青年学生崇高的爱国主义情怀，报效祖国和为人民服务的价值观与思想观。

2. 规范的专业素养是教师修为的必然要求

教师的专业素养包括专业技能与教学艺术。专业技能包括教师的专业理论基础与专业实践运用。专业理论基础是指教师对所教授学科基本概念、原则、规则、制度的体系化把握及熟练运用。深厚的理论基本功是开展研讨教学方法的前提。授课教师专业的背景、夯实的理论基础、研究方向及对前沿动态的把握将有利于推进研讨教学方法的应用。特别是教师在前期准备阶段，对

---

〔1〕 王歌雅：《高校教师修养之我见》，载《黑龙江高教研究》1996 年第 6 期。

学生专题及章节体例的把握，材料的收集分析均十分有利。专业实践的运用，特别是司法实践中典型案例的导入、分析、法条运用、法理的延伸与评议，对丰富学生知识、开阔视野、培植理性思维意义巨大。在研讨教学方法推行中，教师的专业实践运用能力可以有效提升学生理论联系实践的能力，在专业研讨中引用实践案例或通过实践案例拟制案例模型，增强抽象理论具体化、分解化、大众化，使学生不再畏惧抽象的理论知识。教学艺术是教师修为的更高境界。教学艺术是教师的教学理论、教学模式设计、教学语言、教学风格的艺术化[1]。完美的教学艺术，来自教师对教学理论的熟练掌控，来自教师对教学模式设计的灵感创新，来自教师对教学语言的精准表达，也来自教师教学风格的个性与成熟化。

3. 宽阔的教学视域是教师修为的特别要求

法学是社会科学，教师视域的维度对培养学生的视野，增长学生的见识至关重要。教师的视域应该如何培养，笔者建议如下：首先要保持问题意识。善于发现理论问题、实践问题，学会引导学生发现问题、培养学生分析问题和解决问题的能力。其次要关注理论前沿。关注理论前沿，主要是通过阅读法学核心期刊来培养学生注重理论前沿的意识，在授课中要逐渐培养学生关注理论前沿的意识，提升学生法学阅读能力和撰写文章的能力。再次要关注立法动态。了解立法发展进程，深知立法背景、制度衍生的由来，现有制度的不足以及未来立法修正的趋势等。最后要关注司法实践的典型案例。通过司法实践中发生的真实案例，对照法律，检审制度，自省不足，完善举措。

---

〔1〕　王歌雅：《高校教师修养之我见》，载《黑龙江高教研究》1996 年第 6 期。

4. 强烈的责任意识是教师修为的根本要求

我国有句俗语称："教师是份良心活"。师德是教师坚守的良心，你如何，师德就如何。维护师德，就教师而言，可坦然面对所有的眼睛，胸怀坦荡、心无偏私、心地纯正；就社会而言，可助推社会良好风气、行业氛围清新纯净，增进社会的正能量[1]。师德力量来自师德本身，"来自基本的'良知'——在所有人那里都以某种方式存在着的最基本的恻隐之心和是非观念"[2]。在推进研讨教学方法进程中，教师不能借此名义将课堂教学内容全部交给学生进行，更不能为了追求科研名利而无视教学和敷衍教学。研讨教学方法注重学生综合素质能力的培养，教师强烈的责任意识是教学各个环节顺利推进，最终取得培养目标的关键。教师要敬重职业，要坚守岗位，要敢于创新，要敢于担当，要回馈社会，要服务人民。

结　论

社会变迁致使日常生活结构形成一个新的事实。知识正在由静态向动态转向，教师传递知识，学生获取知识的半衰期也在逐渐缩短。在知识大爆炸的今天我们每个人所握有的知识都正在经历快速的贬值。终身制学习是我们突破这一难题的出路，但是终身制学习更需要人们在接受高等教育阶段，系统掌握学习方法、锻炼思维能力并提升综合素养。因此有必要重置法学本科教育阶段的教学方法。研讨式教学方法的提出将有效弥补传统教学法在

---

〔1〕　王歌雅：《师德：教师坚守的"良心"——你怎样，师德就怎样》，载《中国法学教育研究》2015 年第 3 期。

〔2〕　何怀宏：《底线伦理是公民道德建设的可行之路》，载《伦理学》2009 年第 5 期。

应对新环境下衍生的诸多问题，将有效地提升学生自主学习的能力，助力学生重新审视知识的价值，从而构建有效的学习生态。

论"双碳"战略背景下法学人才培养机制的优化

罗海敏*

摘　要： "双碳"战略的实施为法学人才提供更多发展机遇的同时，也对我国法学人才培养提出更高要求。我国当前法学人才培养中，"重理论，轻实践"的教学传统、单向灌输的教学方式和实践教学成效差，都制约着高素质法学人才的造就。因而有必要通过优化课程设计、转变教学理念和完善实践教学等措施进一步优化我国法学人才培养机制，以培养更多理论功底深厚、实践能力强的法学人才服务于"双碳"战略目标的实施。

关键词： "双碳"战略　法学人才　培养机制　实践教学

---

*　罗海敏，法学博士，中国政法大学诉讼法学研究院副教授。

一、实施"双碳"战略目标对专业法学人才的需求

2020 年的中央经济工作会议提出,"我国二氧化碳排放力争 2030 年前达到峰值,力争 2060 年前实现碳中和。"[1] 碳达峰、碳中和的"双碳"战略也已经被写入"十四五"规划和 2035 年远景目标纲要之中。"双碳"战略的设定,是我国大国责任担当及在未来世界经济格局中保持竞争力的需要。"双碳"战略目标的实现是一项长期而艰巨的任务,其间既有挑战也有机遇。

作为发展中国家,我国目前仍处于加快推进新型工业化、信息化、城镇化和农业现代化的关键阶段,实现全面绿色转型的基础较为薄弱,仍面临较大的生态环境保护压力。与发达国家相比,我国实现"双碳"战略目标的时间更紧、任务更重、困难更多,亟须一批高素质专业人才攻坚克难,发挥引领作用,法学人才是其中不可或缺的重要组成部分。"双碳"战略目标的实现过程,既是发展模式转变、产业结构转型、能源结构调整和技术创新升级的过程,也是催生全新行业和商业模式的过程,同时也是国际开展密切对话沟通、技术交流与合作共享的过程。这些过程,都需要专业的法学人才,尤其是环境法、民商经济法、行政法、国际法等领域的高质量法学人才。法学专业人才在"双碳"战略目标实施过程中,既可以提供法律咨询、顾问、代理纠纷解决等传统法律服务,也可以发挥政策法规研读、议题研究、评估监测、企业合规以及国际谈判与交流等新兴法律服务。可以说,专业法学人才的培育和储备是推进我国"双碳"战略目标实现的

---

〔1〕 《2020 年中央经济工作会议通稿》,载中国政府网,http://www.gov.cn/xinwen/2020-12/18/content_5571002.htm,最后访问时间:2021 年 10 月 20 日。

重要原动力之一。

二、我国法学专业人才培养现状分析

就目前情况看，我国当前专业法学人才培养机制落后于我国"双碳"战略和生态文明建设对法学人才的客观要求，在新背景下优化我国现有的法学人才培养机制刻不容缓。

（一）对法学的学科特质认识仍有欠缺

法律教育主要是一种法律职业教育，法学人才的培养主要是法律服务应用型人才的培养。[1]"双碳"战略目标的实施涉及多学科知识，对学生的实践能力要求很高，甚至要高于对学生理论功底的要求，学生只有具备将所学到的法学理论知识熟练运用到与碳达峰、碳中和相关的法律实践中，才算学有所成。这意味着从某种意义上说，实现"双碳"战略目标所需要的专业法学人才，其实践能力的重要性要远远高于理论功底。譬如，就环境法学人才的培养而言，需要传授其环境法相关基础理论，更需要培养其了解、分析纷繁复杂的环境法实践状况的能力。在环境法实践中，会涉及环境监测技术、环境污染认定、污染控制技术、资源利用技术、技术标准等诸多环境自然科学知识与实践技能。以碳排放相关环境法实践为例，在实践中就要涉及碳排放认定、碳排放量监测、碳排放控制技术等诸多碳排放相关科学知识和实践技能，这都要求环境法学人才培养要特别注重提升学生的实践能力。

目前，我国法学专业人才培养中存在着明显的"重理论，轻

---

〔1〕 曾令良：《21世纪法律服务贸易的发展趋势与中国法学人才培养的应有改革》，载《法学评论》2001年第1期。

实践"倾向，这突出表现在：一方面，法学知识体系偏重理论性。研究现有的环境法学教材可知，目前环境法学教材的大部分篇幅都用于阐述环境法的基本概念、规范调节对象、法律责任、立法原则等理论知识，教材中环境法案例的篇幅有限，而涉及"双碳"战略，这种随着经济社会发展和国家政策导向改变而出现的新兴环境法案例几乎没有，教材修订时效性明显不足。在国际法学、民商事法学等教材体系中也同样存在类似的问题。另一方面，法学教学偏重理论性。受法学教材、法学教育传统习惯和教师自身实践经验有限的影响，在大部分法学高等教育中，教师们将大部分课时用于传授法学的基本理论知识，而传授给学生的法律实践案例和经验明显不足，这不仅易造成知识传授和知识运用之间的割裂，也极易使得学生对课程内容失去兴趣。

（二）单向灌输较多，教学相长不足

考察法学高等教育，无论是知识还是方法，均侧重于从教师到学生的单向流动[1]，单向灌输使得学生和教师间的互动、讨论和观点碰撞不足，教师无法及时获得学生对教学活动效果的反馈，也无法全面了解学生的实际掌握情况，这就使得无法通过教学相长的过程，来提升法学教学质量，也抑制了学生批判性思维的养成，使得学生无法养成从多视角、多方位辩证地思考和解决相关法律问题的习惯和能力。造成这种现象的原因主要有：

一是教学观念依然偏重理论探究，这就决定了需要进行充分的理论知识讲解。在"重理论，轻实践"的法学教学模式下，教师通过封闭的单向灌输式授课，可以在短时间内向学生大量传授

---

[1] 蔡守秋：《中国环境法学的倡导者和开拓者——韩德培先生开拓环境法学教育和科研的理念与实践》，载《法学评论》2000 年第 1 期。

法学专业理论知识。二是成文法教学需要教师的系统讲授。我国是典型的成文法社会，对于法律的学习需要经历从抽象到具体的逻辑思维过程，这就使得教师们的系统性讲授尤为重要。三是教学方案设计和教学成效评估体系存在缺陷。当前法学教学方案设计中，对于教学目的、学生需求和特点的关注和分析不足，在整个教学方案设计中，学生甚至如同局外人。在教学成效评估中，对学生学习成效的关注和考察也明显不足，判定教学成效的主要权重指标是教师的表现，教学成效评估难以合理、全面反映学生对教学过程、教学质量、教学效果等内容的评判。

（三）案例教学模式尚待完善，效果尚待提升

客观地说，我国法学教育除了课堂理论教学之外，也在积极探索实践教学，但遗憾的是，一方面，我国将法学高等教育方式改革和创新仅仅局限在案例教学或者模拟法庭等实践教学，相较于经济社会发展对应用型、实践型法学专业人才的素质要求，案例教学和模拟法庭已经不能完全满足法学课程和专业人才的培养需要[1]。另一方面，我国当前法学高等教育中的案例教学模式效果仍有较大提升空间。

当前，我国法学高等教育中的案例教学尚不能充分激发学生探索案件的积极性，案例教学改革的成效不及预期，这是因为，在案例内容设计上，一般是由教师根据教学计划的需要选择和编写案例，案例编写还在很大程度上受限于课时和教材，这就使得案例内容上的创新空间和新颖性十分有限，从而降低了学生参与案例教学的积极性。在案例教学过程中，从当前的高校法学教学

---

〔1〕　夏绵文：《法学教育评论第二辑：高素质法治人才培养与法学教育改革》，法律出版社 2018 年版，第 46 页。

活动看，案例教学仍多采用大班授课的方式进行，这就限制了每个学生参与案例讨论的时间和充分程度。而且，案例教学多由教师主导，学生多是完成作业式地被动参与案件讨论，教师也难以及时和充分评估学生对案例的理解和思考[1]，这都使得案例教学的效果大打折扣。

（四）课堂外实践教学时间短且多流于形式

在案例教学等课堂内实践教学之外，诸如法律诊所教学、应用场景式教学、专业实习等课堂外实践教学，在法学高等教育中十分重要，这本应是培养高校学生法学实践能力的重要途径。但从我国当前法学高等教育实际情况来看，课堂外实践教学课时少，且多流于形式，效果差强人意，这里有其主观原因，也有客观条件的限制。[2]

在主观上，从高校法学教学实践的整体考察结果看，多数法律院校和教师的教学理念依然是偏重理论而轻视实践，主观上依然认为实践教学仅仅是传统理论教学的补充，对于实践教学活动的安排多是敷衍了事。在客观上，很多院校存在实践教学场所相对匮乏的困境，尤其是一些非知名的法学院校，其社会影响力有限，愿意与之合作的律所、法院不多，这也在客观上限制了实践教学的开展。

---

〔1〕 赵新、赵云芬：《高校环境法学教育之困境与纾解》，载《教育评论》2020年第 12 期。

〔2〕 胡肖华、谢忠华：《应用型法学人才的培养与参与型教学模式的探索与实践——以湘潭大学法学院为样本》，载《法学教育研究》2011 年第 2 期。

三、"双碳"战略背景下优化法学专业人才培养机制的建议

（一）优化课程设计，传授学生多学科知识，提升学生实践能力

如上所述，实现"双碳"战略所需求的法学人才要求具备多学科交叉的专业知识储备，同时也要求很高的实践能力水平，因此，培养高素质的"双碳"战略方面的法学专业人才，不仅要传授其环境法学、国际法学等领域的基本理论知识，还要教授学生自然科学知识，指导学生了解经济社会政策，更要注重培养学生相应的法学实践能力，唯有如此，才能培养出"双碳"战略背景下适合经济社会发展需要的法学人才。这就要求法学院校对当前的法学课程进行优化，在课程设计、教材读本、课时安排等方面做出改变，以更加契合现实需求的教学体系，从而培养优秀的法律工作者。

在课程设计上，建议将环境自然科学纳入学生选修课程。在学生修完法学基础课程后，安排学生选修环境自然科学课程、经济学课程、与国家政策相关的通识课程等，以为"双碳"战略法学人才进行充足的知识储备。

在教材读本上，建议鼓励学生阅读法学教材之外的其他读本。如上所述，"双碳"战略的法律应用涉及多学科知识，学生在研习法学教材外，还应广泛涉猎环境自然科学读本，甚至要阅读国家环境政策读本，比如，涉及国家"双碳"战略的相关政策文本，这些都需要院校鼓励学生突破传统的法学教材界限，努力拓宽阅读面。

在课时安排上，建议切实增加实践课程课时量。适当压缩理

论课程课时量，对于一些法学的基本概念和理论鼓励学生自学，理论知识教学要更加聚焦于与"双碳"战略相关法律制度的讲解，要着重回答现实的环境法律问题。适当增加实践课程的课时量，首先要改变"实践课只是理论课从属课程"的传统观念，充分认识实践课在法学专业人才培养中的高度重要性，从最基础的法律文献检索教起，指导学生分析环境法律等相关问题，锻炼学生法律文书写作能力，提升学生进行法律实务谈判的能力[1]，通过实践课培养学生思考和解决具体环境法问题的能力。同时，要根据法学院校的特色和现实情况，灵活调整实践课，不断提升法学实践课的教学成效。

（二）革新教学理念，逐渐将人才培养中心从教师转向学生

我国传统的法学专业人才培养模式依然是"以教师为中心"，这就偏离了教书育人的本源，也很难培养出满足经济社会发展需要的专业法学人才。面对推进"双碳"战略的大背景，要转变法学教学理念，推动法学高等教育从"以教师为中心"的单向理论知识灌输，向"以学生为中心"的教学相长转变，教师与学生之间加强互动、研讨和观点碰撞，着重培养学生分析和解决现实环境法律问题的实践能力，更要培养学生独立学习、思考和判断环境法律领域新情况、新问题的能力。

明晰培养目标，建议将培养学生的理论功底和职业技能作为主要目标。要厘清环境法学教学目标，坚持以培养理论功底深厚、实践能力强的学生为目标，要摒弃"学分导向"，不单纯以学分高低作为衡量教学活动成效的标准，以学生就业质量作为教

<hr />

[1] 朱丹：《从"纵向培养"到"横向发展"：深度推进应用型环境法学人才培养模式创新的应然逻辑》，载《海峡法学》2019 年第 2 期。

学活动的重要目标，以经济社会发展对法律从业者职业技能要求为重要指挥棒，把学生职业技能培养作为法学教学的重要任务。

优化教学过程，建议从单向灌输向教学相长师生研讨转变。在高等院校法学理论课和实践课中应增加师生互动环节，为学生提供相对宽松的学习环境，针对具体的、现实的环境法律问题引导和鼓励学生展开思考和讨论。比如，引导学生就"双碳"战略实施后，可能出现的环境法律问题展开课堂讨论，等等。引导学生积极与教师讨论，培养学生的质疑精神、思辨能力和解决实际问题的能力。

强化主体意识，建议提升学生在教学方案设计和教学效果评估中的参与度。在教学方案设计前，要通过问卷调查、访谈等方式分析学生的需求，积极听取学生对教学方案的意见和建议。在教学效果评估中，要合理设置学生打分机制，引导学生对教学活动进行更客观、全面的评价，鼓励学生对教学过程多提建设性意见。引导学生参与教学方案设计和教学效果评估，可以提升学生的主人翁意识，激发学生的学习兴趣，优化教学全过程，提升教学成效。

（三）完善案例教学，稳步提升案例教学成效

要不断完善案例教学模式，助力法学教学方式创新，真正发挥案例教学的功效。建议进一步优化案例内容设计和案例教学过程，以更加科学完善的案例教学方式推进法学教学体系创新和改革。

在案例内容设计上，不仅要以学生知识储备为基础，还要关注"双碳"战略实施领域的热点问题。要引导学生做好课前预习和准备，充分了解学生的知识储备，在精准把握学生学习进度的

基础上，挑选内容难度基本能与学生知识储备相匹配的案例。尽量减少教学计划和教材对案例内容设计的束缚，以学生的学习需求为基本导向，尊重和充分考虑学生对案例选择的建议。要积极选择"双碳"战略领域焦点问题作为案例，比如，选择"双碳"战略实施中的环境法律案例等，以紧随经济社会发展步伐的案例教学，提升学生解决现实法律问题的能力。

在案例教学过程中，要鼓励学生发挥主导作用，教师只对案例教学中学生的观点和方案进行指导、点评和总结。建议将班级划分成若干案例小组，由各小组负责一个或多个案例。每个小组分析案例，撰写环境法律方案，并进行课堂展示，教师要扮演好全过程管控者和指导者角色，点评和总结学生提交的方案、陈述的观点，与学生探讨方案的优劣和改进方法，让学生经历分析案情、独立办案的全过程，以此来提升学生在分析问题、语音表达、逻辑思维、方案撰写等方面的能力。

（四）创新实践教学，不断探索优化课堂外法学实践教学模式

除案例教学这种课堂内实践教学外，法律诊所、模拟法庭、专业实习、应用场景式教学等课堂外实践教学，也是培养学生实践能力的重要途径。建议针对当前课堂外法学实践教学存在的主客观问题，有的放矢，不断提升实践教学成效。

一方面，要创造有利于课堂外实践教学的客观条件。积极与各级环境司法部门、环境公益组织、环境维权单位合作，共同设立教学实习基地，创造条件让学生参与"双碳"战略立法调研、环境司法活动、环境公益维权活动。鼓励学生组建环保社团，定期开展公益活动，支持学生参与环境污染状况调查。多策并举，为学生提供参与课堂外实践教学活动的平台和途径。

另一方面，要优化课堂外实践教学流程设计和管理。循序渐进地引导学生参与课堂外教学活动，首先，组织学生观摩案件庭审，参观环境执法部门、法院、检察院、监狱、律所等机构，增强学生的感性认识。其次，通过法律诊所、模拟法庭等方式，引导学生参与和处理环境法案件，传授学生处理环境纠纷、参与环境谈判的法律技能。最后，支持学生通过在环境司法部门、法院、检察院、律所等机构实习，亲身参与"双碳"战略司法实践，指导学生在实际问题中，应用所学的法学知识，以培养实践经验丰富、实操能力强的法学人才。

监察法学研究生培养方案实施的创新路径

屈　新* 　张　淇**

摘　要：2020 年中国政法大学在研究生"诉讼法学"专业招生目录中增设"监察法学"方向，并制定了科学合理、操作性强的《诉讼法学专业监察法学方向攻读硕士学位研究生培养方案》（以下简称《监察法学培养方案》）。本文从中国政法大学《监察法学培养方案》的实施状况出发，提出采用"嵌入式"双导师案例教学法用以解决《监察法学培养方案》中案例课、双导师制、监察实践难以开展的问题，以有效实施《监察法学培养方案》，适应监察法学学科特点，培养高素质监察法治人才，完善监察法律体系。

关键词：监察法学　嵌入式双导师案例教学法

----

* 屈新，中国政法大学刑事司法学院教授。
** 张淇，中国政法大学刑事司法学院硕士研究生。

监察实践

　　作为"事关全局的重大政治体制改革"，国家监察体制改革不仅是推进全面从严治党向纵深发展的重大战略举措，也是全面依法治国的重要组成部分。十三届全国人大一次会议召开之后，《中华人民共和国监察法》（以下简称《监察法》）全面施行，各级监察委员会也逐次成立并履行相应的职权职责，这是国家法治的大事[1]。为适应当前党和国家反腐败工作对于监察人才的需要，中国政法大学 2020 年在研究生"诉讼法学"专业招生目录中增设"监察法学"方向[2]，以培养应用型、复合型、创新型、兼顾国际型的"四型"高层次精英监察人才为目标，制定《监察法学培养方案》，构建了内容完整、切实可行的监察法学教学体系。

一、《监察法学培养方案》实施的现实意义

　　《监察法学培养方案》以创新性的科学研究为基础，充分考虑国家经济建设、社会发展和法治建设对人才多样化的需求，形成了系统完备的监察法学教学体系。实施《监察法学培养方案》，对于适应监察法学教学特点、培养党和国家反腐败工作亟须的高素质监察法治人才、完善监察法律体系具有重要的现实意义。

（一）适应监察法学学科特点

　　监察法学教学需要适应其学科特点。总体来说，监察法学学

---

〔1〕　《国家监察制度的重大顶层设计》，载 http//www.xinhuanet.com/comments/c_1122451619.htm。

〔2〕　王希鹏、罗星：《纪检监察学科的发展现状、学科建构与实现路径》，载《西南政法大学学报》2020 年第 2 期。

科主要有以下三个特点：第一，监察法学学科具有中国特色。国家监察体制改革重新配置了国家权力，形成了"一府一委两院"的国家机构组织架构，监察机关被定位为独立于一府两院的新型政治机关，并且形成了纪委监委合署办公，由纪委进行党内监督、监委进行国家监察的监察体制，这种双重主体的特质决定了监察法学学科是具有中国特色的学科；第二，监察法学学科具有交叉学科性。纪检监察学科、法学是两个相邻的学科。监察法学处于纪检监察学科和法学两个相邻学科的交叉地带[1]，这两个学科交织、渗透和融合形成了监察法学特有的知识体系和方法论；第三，监察法学学科具有实践性。法学学科是实践性很强的学科，法学教育要处理好理论教学和实践教学的关系[2]。监察法学学科作为程序法与实体法兼具的学科，毫无疑问也具有较强的实践性。

《监察法学培养方案》依据中国特色监察制度、立足于中国特色社会主义法治体系；突出了监察制度、监察证据、监察程序等学科的优势与特色；建立了监察理论与监察实践相结合的培养方式；构建了内容完整、切实科学的教学体系。实施《监察法学培养方案》，有助于适应监察法学学科的特色性、交叉学科性与实践性，提升监察法学的教学效果。

（二）培养监察法治人才

当前，国家监察体制改革进一步深化，仅局限于监察理论知

---

〔1〕 浙江工商大学法学院、浙江省法学会监察法学研究会会长封利强教授在首届"监察法学学科建设与发展"研讨会上的发言，载 http：//fzzfyjy.cupl.edu.cn/info/1021/14025.htm。

〔2〕 "习近平在中国政法大学考察"，载 http：//www.xinhuanet.com/politics/2017-05/03/c_1120913310.htm。

识的学习将无法适应党和国家对高素质监察法治人才的需求。《监察法学培养方案》按照监察人才所需的知识、能力、素质等进行科学设计，强调根据《监察法》在监察实践中运行涉及的重点、难点、疑点开展有针对性的教学活动，并探索在高校引进监察实务工作部门的优质实践教学资源，打破高校和社会之间的体制壁垒。实施《监察法学培养方案》，可促使学生直观、生动地了解监察制度的具体运行情况，培养纪检监察观念以及监察实践能力，逐步成长为党和国家需要的监察法治人才。

（三）完善监察法律体系

习近平总书记在考察中国政法大学时强调，高校"要充分利用学科齐全、人才密集的优势，加强法治及其相关领域基础性问题的研究，对复杂现实进行深入分析，做出科学总结，提炼规律性认识，为完善中国特色社会主义法治体系、建设社会主义法治国家提供理论支撑。"[1]《监察法学培养方案》强调对学生科研能力的培养，对其进行贯彻实施，可使得监察法学学生通过学习监察理论、了解监察实践，开阔视野，形成自己独到的学术观点和体系，成为监察法学科研机构后备优势力量。从而促进监察法学理论体系、法律体系的完善，进而完善中国特色社会主义法治体系。

二、《监察法学培养方案》实施状况的分析

《监察法学培养方案》包括监察法学学科简介、培养目标、研究方向、学制年限、课程设置、培养方式等十一项内容，是中

---

〔1〕 "习近平在中国政法大学考察"，载 http://www.xinhuanet.com/politics/2017-05/03/c_1120913310.htm。

国政法大学对于诉讼法学专业监察法学方向硕士学位研究生培养的具体方案，其涵盖了培养的所有过程。通过对其实施状况进行分析，可明确其取得的成效及存在的问题，从而不断完善《监察法学培养方案》，提高监察人才的培养水平。

（一）《监察法学培养方案》的主要内容

《监察法学培养方案》对监察法学方向研究生的培养作了详细的阐述与说明。首先，从个人品质、综合素质、学术素养、实践能力以及外语水平五个方面较为具体地提出了监察法学学科人才的培养目标；其次，介绍了监察法学方向主要研究职务犯罪的实体处理与程序、职务违法的实体处理与程序、违反党纪的实体处理与程序等五点研究内容；再次，提出了四点切实可行的培养方式，第一，实施以科研为主导方式的导师负责制，并探索建立学术、实务双导师制；第二，专业课程采用教师讲授和课堂讨论相结合的方式进行；第三，积极开展研讨课、案例课、课后读书小组等多种形式的教学方式；第四，采取以校内系统学习为主和参与社会实践相结合的方法进行培养[1]；最后，明确了必修课采取考试和论文的考核形式，选修课和其他环节可以采用考查形式的考核方式。除此之外，《监察法学培养方案》还介绍了监察法学方向研究生学制、年限、质量标准等内容。该方案明确具体，为培养二十一世纪的监察干部以及监察法学的教学与研究人员指引了方向。

（二）《监察法学培养方案》实施中取得的成效

总体来说，《监察法学培养方案》在实施中取得了初步的成

---

〔1〕 参见中国政法大学《诉讼法学专业监察法学方向攻读硕士学位研究生培养方案》，载 http：//www. cupl-edu. cn/index. php?m＝programme&a＝detail&id＝80。

效。在监察法学的教学过程中，通过采用教师讲授与课堂讨论相结合的教学方式、研讨课的课堂形式以及多样的考核方式等，对学生了解监察法学学科的理论体系、系统学习监察法学学科的基本原理、提高和深化对监察法学学科的理论框架的认识起了重要作用，提高了学生的专业素质、语言表达和写作能力，为学生逐步成长为党和国家亟须的高级监察人才打下了基础。

（三）《监察法学培养方案》实施中存在的问题

在《监察法学培养方案》实施过程中，因《监察法学培养方案》在培养方式上的部分内容尚未有效落实，教学实践中仍然存在监察法学学科的实践性与当前监察法学教学偏重监察法学理论的矛盾，导致学生缺乏将理论知识应用于实践中、转化到实践中的能力，不利于培养职业型、复合型监察人才。《监察法学培养方案》中未落实的内容主要有以下几个方面：

1. 案例课教学方式尚未开展

在中国政法大学监察法学方向研究生教学中，以讲授式和课堂讨论的教学形式为主，尚未形成案例课的教学方式。除了有纪检监察案例较其他案例来源匮乏的原因之外，最主要的是在监察案例教学中，往往会出现法律性、监察实务性内容相互交织的复杂问题，仅用传统的法律解释方法并不能让学生得到信服。因此，未能有效解决"如何让法治思维与监察思维共融"的问题是目前尚未形成案例课教学方式的主要原因[1]。

2. 学术、实务双导师制尚未建立

《监察法学培养方案》明确监察法学方向研究生培养要探索

---

〔1〕 参见西南政法大学监察法学院监察法教研室主任、副教授杨尚东在首届"监察法学学科建设与发展"研讨会上的以《论案例教学在监察法教学中的应用探索》为题的报告，载 http://fzzfyjy.cupl.edu.cn/info/1021/14025.htm。

建立学术、实务的双导师制，但是双导师制度目前还未发展成熟。在一些已经推行双导师制的培养单位中，仍存在因校外导师定位不清、缺少权利义务规范，从而导致双导师制形同虚设的问题。再则，中国政法大学监察法学方向研究生设置时间较短，因此《监察法学培养方案》中的学术、实务双导师制培养方式尚未探索建立。

3. 监察社会实践尚未进行

《监察法学培养方案》中强调监察法学教学要注重理论与实践相结合，培养学生进行监察工作的能力。但是因监察机关与检察机关、审判机关不同，它不属于司法机关，而是独立于一府两院的政治机关，定位较为特殊，暂时难以找到促使学生进行监察实践的渠道。因此在当前监察法学研究生的培养中，仍是以理论知识传授为主，学生监察社会实践尚未进行。

三、《监察法学培养方案》实施的创新路径

（一）"嵌入式"双导师案例教学法的内涵

所谓"嵌入式"教学，原本是理工、高职院校在信息类、工程类以及计算机类等实践性较强的专业教学中惯常采用的一种教学手段，其以目标设定来督促学生提升实际操作能力，使在校学生毕业后进入工作岗位的"调整期"大大缩减，从而增强就业成功的概率或竞争力[1]。因为该教学方法在教学中取得了良好效果，法学教育中也逐渐引入了"嵌入式"教学法。具体而言，监察法学课程中的"嵌入式"双导师制度，是指在涉及监察制度具

---

〔1〕 盖玉莲：《嵌入式课程教学改革的探索与实践》，载《价值工程》2011 年第 4 期。

体实践的课程内容时，通过邀请校外实务专家到校内作为校外导师，帮助学生对监察实务工作有一个具体的认识，较为直接地触碰到监察实务部门的工作内容，更为深刻地理解监察法律。

"嵌入式"双导师案例教学法是在传统案例教学法的基础上进行创新和突破，将"嵌入式"双导师制度和案例教学法恰到好处地结合在一起，由一位校内导师和一位校外实务专家作为校外导师对学生进行案例教学的模式[1]。具体来说，就是由校内导师负责引导学生分组进行案例展示和研讨，之后由其从理论角度对学生的展示及研讨过程进行补充与升华，然后由校外导师从实践角度对学生的展示及研讨过程予以点评，并针对案例中涉及的问题及学生的提问结合实践经验进行解答。

（二）"嵌入式"双导师案例教学法的特点

"嵌入式"双导师案例教学法引入了校外监察实务专家作为校外导师，弥补了监察教学中学生无法近距离接触监察实践的不足，与传统的案例教学法相比，"嵌入式"双导师案例教学法主要具有如下特点：

1. 教学目标的全面性

"嵌入式"双导师案例教学法既注重理论知识，又兼顾实践经验。学生通过准备、展示、讨论案例等一系列的实践环节，不仅可以提高其语言表达能力、推理能力、将理论与实践相结合的能力，而且可以在与校内、校外导师的交流过程中，深刻领会理论知识，深入了解监察实践，培养纪检监察观念，最终实现知识传授、能力培养、素养提升的三维教学目标。

---

〔1〕 参见陶乾、樊美辰：《论双导师讨论式工作坊教学法在知识产权法教学中的应用》，载《中国法学教育研究》2019 年第 2 期。

2. 教学过程的互动性

在"嵌入式"双导师案例教学模式中,注重"师师互动、师生互动、生生互动"。首先,在教学及准备过程中,两位导师需要就案例教学进行深入的协调沟通,校内导师可了解实务界的最新发展动态,校外导师则可丰富监察理论知识;其次,在教学过程中,校内导师会与学生就案例所涉理论知识进行探讨,校外导师会将案例所涉监察实践经验与学生交流,可提升学生学习的主动性、积极性;最后,学生通过分组进行案例展示,可增强学生之间的学习与合作。

3. 教学讲授的专业性

通过采用"嵌入式"双导师案例教学,由校内导师对案例进行理论上的讲解,由监察实务专家作为校外导师对案例进行点评、与学生交流实践经验,可增强案例教学讲解的说服力、专业性,帮助学生理解监察案例中法律性与监察实务性交织的问题,促进其法治思维与监察思维的共融。

(三)"嵌入式"双导师案例教学法的引入

将"嵌入式"双导师案例教学法引入监察法学课程中,可有效解决《监察法学培养方案》实施中存在的问题。第一,明确了校外导师的定位以及教学负责内容,避免了因校外导师定位不清、负责内容不明而导致双导师制度流于形式;第二,通过校外导师提供实务资源、讲解监察实践经验,解决了监察案例来源匮乏、校内导师仅用法律知识讲授说服性弱的问题;第三,学生通过与校外导师进行交流可促进其对监察实践进行深入了解,培养纪检监察意识,提高纪检监察素养。

目前,因监察机关的性质是政治机关,学生难以去监察实务部门实习、参与监察实践工作。采用"嵌入式"双导师案例教学法，可提升学生将理论运用于监察实践的能力、增长实践经验、深入了解监察实务工作，不失为学生参与监察实践的替代之策。

（四）"嵌入式"双导师案例教学法的实施路径

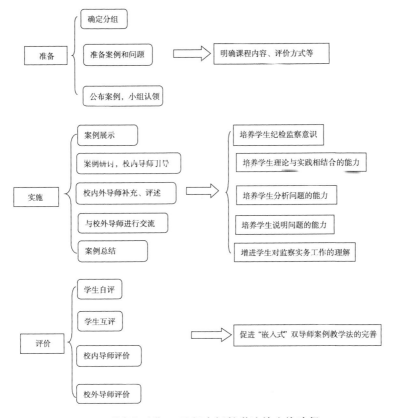

图1　"嵌入式"双导师案例教学法的实施路径

1. "嵌入式"双导师案例教学的准备

校内导师在"嵌入式"案例教学中发挥主导作用，负责制定并公布"嵌入式"案例教学的课程内容和评价方式，在课前对学生进行分组，与校外导师一起准备案例和问题，并且需要在课程的第一次课上公布案例，由小组进行认领。

（1）确定分组。在案例教学过程中，学生需要分组进行案例展示和研讨，因此在正式教学之前，校内导师需要对学生进行分组。可采用学生自愿组队与统一调配相结合的分组方式，每个案例展示小组一般以 4~6 名同学为宜，小组的展示顺序可以抽签的方式决定。为推进小组的准备，每个小组应选出 1 名负责人，来统筹分工本小组的各项事宜。

（2）准备案例和问题。"嵌入式"双导师案例教学法要求两位导师通过充分地协调沟通，以选择合适的案例，并准备需要讨论的问题。让学生带着问题去学习可以提升学生的学习效果，调动学生学习的积极性，增加课堂上的师生互动频率，由此教学效果也会有质的提升。

在案例选取上，校外导师具有工作上获取材料的资源优势，因此在准备阶段由其根据学生小组的数量，选取一些可以覆盖多个监察知识点的典型性、疑难性的案例，并且将所选案例涉及的所有能公开的资料提前提供给校内导师。

在准备问题上，校内导师对于监察法学研究更加深入，对于学界争议问题更加了解，因此应由其根据校外导师提供的案例提出具有开放性、思辨性、挑战性的问题，使学生可以展开充分地讨论，并对案例所涉及的全部理论内容进行全面准备，以便对学生的展示结果进行补充与升华。

（3）公布案例，小组认领。校内导师需要在正式案例教学前，将案例和问题向学生公布，可依次对案例和问题进行简单介绍，适当地对学生进行点拨，打开学生的思路，之后学生通过自愿选择与抽签相结合的方式认领案例，并在课下进行准备。

2. "嵌入式"双导师案例教学的实施

在"嵌入式"双导师案例教学的实施中,校内导师的任务是主导案例教学的全程,包括主持案例展示活动、引导学生根据案例进行讨论、鼓励学生从不同角度发表见解、对学生的展示与讨论从理论层面进行补充与升华等;学生则负责分工合作,通过与小组成员协调配合,对案例进行分析并回答老师课前根据案例所提出的问题;校外导师则负责对学生的展示及讨论做出点评、对案例所涉及的实践问题进行阐释并与学生进行深入的沟通与交流,培养学生的纪检监察意识。简单来说,双导师案例教学模式的实施包括以下几个环节:

(1)案例展示。这一环节要求每组学生对其选择的案例进行介绍和展示,由组内的每位同学展示自己准备的部分。为了保证课堂效率和课堂效果,案例展示需要在限定的时间内完成,每位同学以 10~15 分钟为宜[1]。案例展示的形式可以灵活多样,如配合 PPT 讲述、辩论会、情景剧、观看视频等形式[2]。但是学生无论采用何种形式展示案例,最终都要将案情描述清楚,并将监察机关的监督、调查、处置过程、监察程序与刑事诉讼程序的衔接、监察证据的转化等监察法中重要的内容体现在展示中。同时小组成员要对老师根据该案例提出的问题进行回应,表达清楚本小组的观点,并在回答完之后将老师的问题以及该小组认为本案例中其他可供讨论的问题抛给在场其他小组的同学进行思考。

(2)案例研讨,校内导师引导。案例研讨是"嵌入式"双导

---

[1] 参见屈新、吴红颖:《参与式案例教学的实践路径——以刑事诉讼法学案例教学为视角》,载《中国法学教育研究》2019 年第 4 期。

[2] 潘高峰、陈露:《论法学教学中案例选择和展示的技巧》,载《天中学刊》2011 年第 2 期。

师案例教学模式的中心环节，在这个环节体现出了与传统课堂讨论的区别。传统的课堂讨论环节存在两点弊端：

第一，传统的课堂讨论环节容易形成"马太效应"。在班级中，学生的性格各不相同，有的学生表达能力较强、善于交流；有的学生自信心较弱、不善于表达。在传统的课堂讨论环节中，前者往往占据讨论的主导地位，锻炼了思辨能力，达到了课程教学的目的；后者则很少表达自己的观点，或者因发言被打断就退出讨论，无法培养自己的语言表达能力及分析问题的能力。

第二，传统的课堂讨论环节形式化现象严重。在多数情况下，教师布置完讨论的题目后就不再参与小组的讨论，最后由小组派出代表汇报其讨论成果。这种讨论模式很容易出现部分小组成员敷衍了事的情况，不能保证小组的每个成员都积极参与到讨论中。此外，在小组讨论遇到疑难问题时，由于没有老师的参与，很容易形成讨论僵化的局面，以至于大大降低讨论学习的效果[1]。

而"嵌入式"双导师案例教学模式的案例研讨环节，则避免了传统课堂讨论环节的弊端，不仅将课堂时间更多地交还给了学生，让学生可以自主地讨论学习，而且也强调校内导师在讨论中的作用。具体来说，在案例研讨环节中，校内导师需要全程参与到学生的讨论中，对每组学生的讨论过程都要有所了解，并且根据需要随时和学生进行互动，及时引导学生讨论的方向。若学生讨论陷入了僵局，校内导师可以针对学生在讨论过程中没有注意到的地方进行适当的提醒，启发其从不同角度进行思考，从而促使讨论继续进行。讨论结束后，由各小组推选出学生代表进行发

---

〔1〕 参见陶乾、樊美辰：《论双导师讨论式工作坊教学法在知识产权法教学中的应用》，载《中国法学教育研究》2019 年第 2 期。

言，讲述本组对案例所涉问题的理解、分析和判断过程，并针对问题提出解决的思路或结论。在这个过程中，校内导师可以通过提问引导组内其他学生积极发言。针对沉默寡言、不善言辞的学生，校内导师应鼓励其表达观点，并针对其观点进一步提问，以便促进其对自己观点进行补充。在各小组汇报结束之后，若有小组的观点不一致，就小组间不一致的焦点问题可以再次进行讨论。总之，在整个案例研讨的过程中，校内导师要主导学生讨论的方向、进度和节奏，充分调动学生讨论的积极性，注意调节讨论气氛，保证讨论有序而热烈地进行。

（3）校内外导师补充、评述。在讨论结束之后，先由校内导师对学生讨论和展示所运用的方法、思路以及观点进行总结，给出该研讨案例所涉问题的参考答案，并针对学生案例展示和讨论中未涉及，但与该案例相关的监察法理论知识问题，结合学界研究及自己的观点进行补充、升华，最大限度地深化学生对该案例及相关知识的理解。在校内导师补充完毕之后，由校外导师从实践角度对案例展示、讨论过程及结果进行评述，并根据其在实务中的经验发表看法，针对案例中的问题从实践层面进行回应，对监察制度的完善提出更具指向性的建议，促进学生问题意识的培养。

（4）与校外导师进行交流。校外导师评述完毕之后，学生可就校外导师的评述提出监察实践的相关问题，由校外导师进行解答，从而与校外导师进行深入的沟通。与来自监察工作一线老师的深入交流，不仅会使学生对监察实践中的问题有更为深刻的理解，而且可促使其对监察职业有更多的认识，更为理性地规划自己将来的工作计划。师生教学互动有助于打开学生的思路，开阔学生的视野，培养纪检监察意识，树立廉政道德观念。

（5）案例总结。课程结束后，校内导师应当根据学生的展示及讨论情况、两位导师的补充与评述情况、学生与校外导师的交流情况进行教学成果的总结，关注学生应用知识的弱区和盲区，改进本次课程教学不完善的地方。导师通过总结，可以全方位优化本门课程关于这一阶段的教学过程。

此外，小组展示及研讨结束后，每位小组成员都需要撰写一份案例分析报告，作为对所展示案例的学习总结。报告中应体现其准备、展示及研讨过程中的思考与体会，以深化学生对案例所涉监察知识的理解。

3. "嵌入式"双导师案例教学的评价

评价是"嵌入式"双导师案例教学的重要环节，它直接反映了案例教学的效果和学生的表现。评价体系可由校内导师引导制定，包括评价主体、评价指标和权重两部分[1]。

（1）参与评价主体。参与评价主体由校内导师、校外导师和学生组成。校内导师负责制定评价体系以及指导监督班级学生评价的工作，并与校外导师一起对小组案例展示及讨论情况进行评分。全班学生也要对小组的案例展示及讨论情况打分，学生打分结果交由各组组长汇总整理取平均分，小组的最终成绩则为各组组长所取分数以及两位导师分数加总后的平均分。

（2）评价指标和权重。评价指标体系设置的合理性关系到学生进行案例展示及讨论的积极性，与教学效果密切相关。评价指标选取应灵活掌握，可由案例展示思路的逻辑性、展示包含知识

---

〔1〕 范玉琴、李艳飞：《基于应用能力导向的西方经济学参与式案例教学实践探索——以独立学院为例》，载《山东农业工程学院学报》2017 年第 12 期。

的全面性、团队合作度、课堂讨论积极性等要素构成，也可根据教学的需要增减指标的评项，其各项分值权重应根据校内导师的教学意图分项设定。各小组的最终成绩和学生后期提交案例分析报告的成绩将综合纳入学生本课程的期末成绩中[1]。

结　语

当前党和国家正在持续推进反腐败建设，而促进我国反腐败工作高质量发展的前提之一就是加大对高素质的理论与实践能力兼具的监察法治人才的培养。通过采用"嵌入式"双导师案例教学法对《监察法学培养方案》进行有效实施，从理论分析上来看，既可以保证学生具有扎实的理论基础，也可以提高学生的监察实践能力，避免理论与实践的脱节，这对培养二十一世纪的监察干部以及监察法学的教学与研究人员具有现实的创新意义。另外，"嵌入式"双导师案例教学法在具体实施过程中还具有一定的局限性，如存在校外导师时间协调、合同签订等现实问题，尚待进一步研究。

---

〔1〕　参见屈新、吴红颖：《参与式案例教学的实践路径——以刑事诉讼法学案例教学为视角》，载《中国法学教育研究》2019 年第 4 期。

课堂与教学

Curriculum and Teaching

《环境法》课程教学实践中对于《民法典》绿色条款的适用[*]

邓　欣^{**}

摘　要：《环境法》课程的实践教学内容庞杂，涉及多领域的单行法规，在教学过程中容易出现既无法面面俱到地介绍所有教学内容，也很难在教学中把握重难点的问题。《民法典》的颁行为《环境法》课程的实践教学带来了新契机，《民法典》中的绿色条款以习近平生态文明思想为统领，以相关环境资源法律为配套，并将保护环境、节约资源的基本理念融汇于各分编的具体规则中，实现了从"纸面上的法"到"行动中的法"的颠覆。根据《民法典》的这一生态变革思路，有必要对

---

　　* 本文系司法部 2020 年度法治建设与法学理论研究部级课题"西北地区生态城市建设的立法促进研究"（编号：20SFB2033）的阶段性研究成果。本文系新疆师范大学本科教学质量工程建设教学研究与改革课题《环境法课程实践教学改革与创新研究》（编号：20XJNU1012）的阶段性研究成果。

　　** 邓欣，硕士研究生，新疆师范大学政法学院副研究员，研究方向：环境与资源保护法学。

《环境法》课程的实践教学做出研究和革新，系统把握《民法典》绿色条款规则体系在整个《环境法》课程中的理解和适用，为推进新时代生态文明建设、建设美丽中国提供优质的高校法学教育服务。

关键词：环境法　实践教学　民法典　绿色条款

作为对于新时期环境问题挑战、迈向生态文明新阶段的回应，《中华人民共和国民法典》（以下简称《民法典》）在总则编中确立了绿色原则，并将保护环境、节约资源的重要理念融汇在各分编具体规则中。高校法学教育实践教学中的一个重要任务，就是要在《环境法》课程中系统把握《民法典》绿色条款的规则体系，准确理解各条文的实质要义，为推进新时代生态文明法治建设、培养与时俱进的专业法学人才提供优质的高校法学教育服务和保障。

一、系统把握《民法典》绿色条款的思想统领

习近平新时代生态文明思想，是习近平新时代中国特色社会主义思想的重要组成部分，"绿水青山就是金山银山"的核心价值观，为加强生态环境保护、建设美丽中国提供了根本遵循，也为从根本上科学认知生态文明、践行生态文明提供了思想指引。

（一）明确习近平生态文明思想的指导意义是《环境法》课程教学改革实践的必然要求

习近平生态文明思想，是习近平新时代中国特色社会主义思想的组成部分，体现了以人与自然和谐共生为核心、以绿色为导向的绿色发展观。《民法典》以习近平新时代生态文明思想为统

领，具有民族特色、时代特色，对实现"两个一百年"奋斗目标、实现社会主义现代化和实现中华民族伟大复兴的中国梦具有重要意义。

生态文明建设既需要生态文明法治，也需要生态文明教育。《环境法》课程教学实践中有必要对新时代鲜明的"生态文明"特征有所回应，将生态文明理念日益深入教学核心，把绿色发展的理念作为课程整个环节的共识，并对《环境法》课程的教学目标、内容、方式等进行调整。这些教学实践改革举措均应在明确习近平生态文明思想指导意义的前提下进行，这样才能有利于《环境法》课程更好地融入与新时代生态文明建设理论与实践中。

（二）厘清习近平生态文明思想的丰富内涵是《环境法》课程贯彻生态文明战略的必然选择

2018 年修订的《中华人民共和国宪法》（以下简称《宪法》）写入"推动物质文明、政治文明、精神文明、社会文明、生态文明协调发展"，其中"生态文明"的发展战略明确了中国特色社会主义总体布局的新文明指向，也为《民法典》确立了根本遵循。《民法典》编纂全过程和全部内容始终都在贯彻习近平生态文明思想的要旨，"总则"第 9 条规定："民事主体从事民事活动，应当有利于节约资源、保护生态环境。"该条被称为"绿色原则"或"生态环境保护原则"，就是对习近平新时代生态文明思想的最佳回应。

习近平新时代生态文明思想坚持人与自然和谐共生、坚持节约资源和保护环境的基本国策，体现了环境就是民生，绿水青山就是金山银山，改善生态环境就是发展生产力，人与自然是生命共同体，山水林田湖草是生命共同体，共谋全球生态文明建设的理论内涵。《环境法》课程实践教学中有必要进一步厘清《民法典》"绿色原则"中所体现的习近平生态文明思想，要将构建最严格的法律制度、最严密的法治举措解决生态环境问题，防范生态环境风险，维护生态安全、生态平衡、推进生态文明体制改革、提高环境治理水平等，作为对于生态文明战略的有效贯彻。

（三）解读习近平生态文明思想的核心要义是《环境法》课程回应生态文明时代的最新需求

习近平生态文明思想的核心要义包括生态兴则文明兴、生态衰则文明衰的深邃历史观；人与自然和谐共生的科学自然观；绿水青山就是金山银山的绿色发展观；良好生态环境是最普惠民生福祉的基本民生观；山水林田湖草是生命共同体的整体系统观；用最严格制度保护生态环境的严密法治观；全社会共同建设美丽中国的全民行动观以及共谋全球生态文明建设之路的全球共赢观等八个方面。

《民法典》各分编中很多条款的修订都将习近平生态文明思想的"绿色化"指引贯彻其中，并将八个方面的核心要义规定在了各分编的具体规范中。在《环境法》课程的实践教学中，有必要讲全讲清讲透《民法典》的绿色条款，并在此基础上融会贯通地解读各个绿色条款之间的关系，以及绿色条款与环境法之间的关系，引导学生深刻理解绿色条款的核心要义，培养学生具备基本的通过绿色条款解决生态环境法律问题的能力。

二、以传统法律中的绿色规则重构作为《环境法》课程实践教学中的重点

绿色原则贯穿于整部《民法典》之中，直接体现为相关的制度和规则在《民法典》各编中均得以贯彻。其中，编纂修订条文较多的部分集中体现在物权编、合同编和侵权责任编这三编。分布于这三编的二十多个绿色条款，系统构筑了贯彻生态文明理念的较为全面的绿色规则体系。在《环境法》课程实践教学中，有必要以传统这三编中的相关规则重构作为教学的重点。

（一）物权编：物权的行使不得损害生态

《民法典》物权编第 247 条至 251 条对一系列自然资源的所有权作出了明确的规定，例如《民法典》第 247 条规定："矿藏、水流、海域属于国家所有。"这一条款通过法典的形式鲜明界定了自然资源的权属，有效地抑制了自然资源权能行使的乱象。《民法典》物权编的诸多条款还对民事主体的物权行使提出了有利于环境保护的要求。例如《民法典》第 326 条规定·"用益物权人行使权利，应当遵守法律有关保护和合理开发利用资源、保护生态环境的规定。所有权人不得干涉用益物权人行使权利。"同时，物权编第 346 条还新增规定："设立建设用地使用权，应当符合节约资源、保护生态环境的要求。"

这些条款的增修都充分说明，在《民法典》关于生态文明建设规定的指引下，物权行使相较于过去的法律规定，未来应当遵循科学合理，节约资源，维持自然生态平衡的基本原则，不能滥用物权挥霍浪费，不能竭尽物力掠夺资源，不能过度开发，不能污染环境，也不能损害生态。在《环境法》课程的实践教学中，应将物权行使规则的重构作为教学的重点，以充分体现节约资源、合理利用、绿色发展的理念。

（二）合同编：把合同债权与生态债权统筹考虑

《民法典》合同编对合同的缔结和履行规定了生态环境保护方面的义务。如《民法典》合同编第 509 条第三款新增规定：

"当事人在履行合同过程中，应当避免浪费资源、污染环境和破坏生态。"这一规定给予民事主体在实施民事活动中保护环境的行为约束，不仅起到了一定的预防作用，同时还可以从源头上避免或减少污染的发生。又如《民法典》合同编第 558 条增加了"旧物回收"的后合同义务，即"债权债务终止后，当事人应当遵循诚信等原则，根据交易习惯履行通知、协助、保密、旧物回收等义务。"第 619 条还增加了"有利于节约资源、保护生态环境"绿色包装方式的要求。即"出卖人应当按照约定的包装方式交付标的物。对包装方式没有约定或者约定不明确……应当采取足以保护标的物且有利于节约资源、保护生态环境的包装方式。"这些条款，均是对绿色原则的一种贯彻。

《民法典》合同编对这些条款的绿色化改造，与《环境法》始终追求的节约资源和保护环境的公共目标趋于一致。《环境法》课程中有必要把私益的平衡与生态的平衡结合起来，从限制私权的角度重构对于合同效力的评价，即从合同债权与生态债权统筹考虑的角度，增加对于合同缔结与履行行为是否污染环境、损害生态等方面的考量。

（三）侵权编：新增的生态环境损害责任满足了我国目前生态保护的需要

《民法典》侵权责任编设立了"环境污染和生态破坏责任"专章，就污染环境和破坏生态的民事法律责任作了详细规定。在第 1229 条中规定了"因污染环境、破坏生态造成他人损害的，侵权人应当承担侵权责任"，这一条款将侵权责任所救济的加害原因增加了破坏生态行为，相较于之前的侵权责任法仅以污染环境行为为加害行为，实际上是进一步扩大了环境侵权救济的范围。第 1231 条还规定两个以上侵权人的加害行为造成环境、生态不可分割损害时，应"根据污染物的种类、浓度、排放量，破坏生态的方式、范围、程度，以及行为对损害后果所起的作用等因素确定"按份责任。同时，侵权责任编还新增了关于生态环境损害的修复责任和惩罚性赔偿责任条款，并在第 1235 条中明确了赔偿的范围。

侵权责任编第七章这 7 条规定为环境公益诉讼和生态环境损害赔偿提供了全面的实体法依据，特别是新增的生态环境损害责任给予《环境法》课程教学案例许多具体明确的指引，解决了生态环境公益司法救济在实践中长期缺乏实体法规则的困境。

三、将《环境保护法》与《民法典》绿色条款有效衔接

（一）以绿色原则作为指引

《民法典》有"绿色法典"之称，这充分体现了立法者对于这部法典的寄望，即面对日益突出的环境问题，《民法典》有望充分发挥其在保护生态环境和自然资源方面的作用。《民法典》总则编第 9 条规定："民事主体从事民事活动，应当有利于节约资源、保护生态环境。"这一规定将合理利用自然资源、保护生态环境上升到民法基本原则的地位，充分体现了《民法典》的绿色发展理念，全面开启了环境资源保护的民法通道。这有利于构建生态文明下的人与自然、经济发展与环境保护之间的和谐关系。

《民法典》的绿色原则是具有法律约束力、价值指导性的义务性规范，在《环境法》课程的实践教学中应坚持这一原则作为教学指引。在解读相关案例时，也应将近现代民法中更为看重的

生态伦理观、绿色发展观、生态安全观等融入其中。在法律适用、法律解释以及出现利益冲突时的价值判断和选择过程中，应引导教学将节约资源、保护生态环境作为一项重要的考量因素。使得绿色原作为《环境法》课程与《民法典》绿色条款规则体系的联结点，贯穿整个《环境法》课程的实践教学中。

（二）充分衔接环境资源法律制度

《中华人民共和国环境保护法》（以下简称《环境保护法》）作为我国环境保护领域的基本法，与《民法典》的绿色条款相辅相成。《环境保护法》第 2 条规定："本法所称环境，是指影响人类生存和发展的各种天然的和经过人工改造的自然因素的总体，包括大气、水、海洋、土地、矿藏、森林、草原、湿地、野生生物、自然遗迹、人文遗迹、自然保护区、风景名胜区、城市和乡村等。"这一规定既界定了《环境保护法》所调整的"环境"的性质，也较为全面地列举了"环境"的范围，对于准确理解和适用《民法典》的绿色条款具有重要指引作用。

此外，我国环境保护领域的法律体系中还有环境污染防治法领域的大气、水、土壤、海洋、固体废物、噪声、放射性物质等污染防治法，自然资源法领域的土地、水、海域使用管理、森林、草原、野生动物保护、渔业、煤炭等自然资源法，生态保护领域的水土保持、防沙治沙等生态保护法，能源法领域的节约能源、清洁生产、可再生能源等单行法，以及环境影响评价、循环经济促进、环境质量标准、污染物排放标准等相关的法律规范。在《环境法》课程的实践教学中，应更加注重这些制度规范与《民法典》绿色条款的配套适用。

（三）构建新型的环境民事法理论体系

《民法典》所确立的绿色规则，是促进绿色发展、从源头上控制环境污染和生态破坏的一剂强效良药，既协调了社会发展、经济增长和生态环境保护之间的关系，也以法典的方式将环境保护的理念渗透于日常生活中，强调对于生态环境进行日常保护。这意味着在《环境法》的实践教学中必须要注意解决好两方面的问题：一是在《环境保护法》自身理论体系内如何对已成型的环境法制度规范进行符合生态文明新理念的解释，以确保《环境保护法》能得到既正确又与时俱进的适用；二是在《环境保护法》外部如何更加科学地尊重《民法典》绿色原则的逻辑，为生态环境和自然资源保护与建设生态文明的新时代建立起有效的沟通协调机制。这两大问题，将成为中国进入民法典时代后《环境法》课程的实践教学面临革新的新契机。

在《环境法》课程的案例教学环节中，首先有必要重新系统整理现行环境资源法领域内的各项制度规范，其次应全面梳理最高人民法院近年来出台的环境司法专门化相关司法解释，同时应特别关注近年来检察机关和环保组织积极进行的各类公益诉讼案件，按照"实践分析——理论概括"的思路，尝试在实践教学中探索并构建新型的环境民事法理论体系。

《民法典》作为"社会生活的百科全书"，引领着整个社会的生活行为规范，而《环境保护法》也一直担负着协调经济发展与环境保护、协调人与自然和谐共处的历史使命。在中国进入民法典时代后，《环境法》课程的实践教学应与《民法典》的制度规范充分融合、协同共进，既从教学研究和科学研究的层面上正确解读《民法典》的绿色原则及其相关规定，同时也应从环境保护法领域的各项制度规范中探索生态文明背景下生态规律在实践中能得到具体落实的合理途径。传统《环境法》课程的实践教学应当在与《环境保护法》规范体系继续良好自洽的同时，也要为有效实施《民法典》做好制度融合和理论研究的准备。这将是民法典时代《环境法》课程的实践教学须回应的新挑战。

《民法典》实施后本科民法课程设置的调整和优化[*]

王天雁[**]

摘　要：《普通高等学校法学类本科专业教学质量国家标准》的发布为高等院校法学本科专业教育提出了具体要求和具体标准，可以说是法学本科专业教育的纲领性文件。在《民法典》颁布后，为准确理解和适用《民法典》，在民法教学中就需要以《民法典》为中心，结合国家标准，对民法课程体系结构进行再调整和优化。民法课程设置应实现全学段覆盖、全方位培养、渐进式安排、从理论到实践的理想教学模式，同时能够兼顾学术型和应用型人才培养目标。民法课程设置不仅要围绕《民法典》调整民法的课程教学内容，覆盖《民法典》的各编章，特别是应当将人格权编和婚姻家庭编的

　　*　本文系西北民族大学"民商法教学团队本科教学建设项目"和"《民法》一流课程建设项目"的阶段性成果。
　　**　王天雁，法学博士，西北民族大学法学院副教授，研究方向：民商法。

内容安排在民法必修课程之中，而且要完整而有体系地体现《民法典》的重要制度，遵循总则—财产法—人身法的逻辑顺序和《民法典》的体例结构依次安排民法课程。民法必修课程学分宜安排 14~16 学分，从第二学期开始连续四学期开设。

关键词： 民法典 国家标准 民法课程设置 案例教学

2018 年教育部发布《普通高等学校法学类本科专业教学质量国家标准》（以下简称《法学类专业标准》），对法学本科教学的培养目标、培养规格、课程体系等 9 个方面提出具体要求和最低标准，可以说是我国高等学校法学本科专业教学质量评价的国家标准和纲领性文件。《法学类专业标准》发布后，各法学院校据此对本科专业培养方案进行修订，调整总学时和课程门类。《中华人民共和国民法典》（以下简称《民法典》）被称为"社会生活的百科全书"，在法律体系中居于基础性地位，也是市场经济的基本法。民法在法学专业教学中具有基础性地位，是法学本科专业教学的重点。虽然《法学类专业标准》明确民法是法学专业核心课程"10+X"中 10 门专业必修课之一，但是如何开设民法课程并没有具体要求。在《民法典》颁布后，为深入贯彻《民法典》的精神，充分理解和正确适用《民法典》的规则，掌握《民法典》的核心要义，在民法教学中就需要以《民法典》为中心，结合《法学类专业标准》的要求，对民法课程体系结构进行再调整和优化。有鉴于此，本文结合重点院校民法课程设置状况和自身教学经验，对民法课程设置提出拙见，以求教于同仁。

一、重点院校民法课程设置考察——以八所代表性院校为例[1]

《法学类专业标准》出台后，部分法学院校随即围绕着标准修订法学本科专业的培养方案，对民法课程体系结构进行调整和优化。由于无法对全部法学院校的培养方案作全面调查，本文特选取以八所院校为代表的法学本科培养方案作对比分析，就民法课程设置进行考察。

（一）民法课程体系

根据《法学类专业标准》要求，法学类专业课程总体上包括理论教学课程和实践教学课程，前者包括思想政治理论课、通识课、专业课，后者包括实验和实训课、专业实习、社会实践与毕业论文。考察各院校培养方案和教学计划，法学专业课程和民法课程总体上也包括理论教学课程和实践教学课程两部分，每种类型的课程又分为必修课程和选修课程。理论教学课程体系中，各院校将民法课程分为若干部分，通过系统的讲授使学生掌握民法的基本理论、基本制度和基础知识。实践教学课程则是通过课外实践活动，使学生掌握民法专业实务之中的基本技能，主要包括法律诊所、模拟法庭、案例研习、民法实务等课程。相比较民法理论教学课程，各院校安排的实践教学课程呈现多样化的特点，实践教学课程体系尚未形成共识。特别是案例教学课程，有的院

---

〔1〕 由于资料搜集条件限制，本文仅选取了有代表性的八所院校的法学本科专业培养方案作为考察对象，即《武汉大学法学院 2013 级法学专业培养方案》《中国人民大学法学院本科培养方案（2014 版）》《中南财经政法大学法学院法学专业全程培养方案（2016 版）》《清华大学法学院 2016 级法学专业本科培养方案》《华东政法大学全日制本科专业民商法方向培养方案（2017 级）》《中国政法大学民商经济法学院 2018 年本科培养方案》《吉林大学法学院法学专业培养方案（2018 版）》《西南政法大学法学专业本科人才培养方案（2018 版）》。

校将其定位为理论教学课程，例如清华大学法学院 2016 版培养方案，有的院校则将其定位为实践教学课程，例如中国人民大学法学院（2014 版）、华东政法大学（民商法方向 2017 版）、中国政法大学民商经济法学院（2018 版）、吉林大学法学院（2018 版）和西南政法大学民商法学院（2018 版）等。同时，在民法实践课程安排方面，民法实务、民事案例分析等课程多为单独开设，而法律诊所、模拟法庭等课程则多为综合训练，不再针对民法课程单独开设。

（二）民法理论课程的结构

民法理论教学课程在各法学院法学本科培养方案的必修课程中都占有极为重要的分量，但由于各院校教务部门对于各类课程包括思想政治理论课、通识课、专业课和实践课的学分比例设置和要求，各法学院校民法理论课程设置差异比较明显。其类型可以归纳总结如下：①"全面的必修课程+小选修课"，例如中国人民大学法学院（2014 版）、中南财经政法大学法学院（2016 版）、华东政法大学（民商法方向 2017 版）、中国政法大学民商经济法学院（2018 版）、吉林大学法学院（2018 版）、西南政法大学民商法学院（2018 版）等院校。这些院校的民法必修课程多将民法教学内容分为 2~4 个部分，分别讲授民法总论、民法物权、民法债权、婚姻家庭与继承法等内容，然后在选修课程中补充或重复开设物权法、侵权责任法、人格权法、婚姻家庭与继承法等课程，以保证民法教学内容的完整性。其中有特色的是华东政法大学（民商法方向 2017 版）培养方案，其民法必修课程包括民法学总论、物权法学、债权法学、婚姻家庭与继承法学四门课程，但选修课程并没有补充或重复开设民法必修课程内容，而是特别开设深度研习课，包括案例研习课《民法案例研习 I》和《民法案例研习 II》和专题研讨课。②"民法引导课+大选修课"，例如武汉大学法学院（2013 版）培养方案中民法必修课仅开设民法总论和债法总论，选修课则包括物权法、婚姻家庭与继承法、合同法各论、侵权行为法；清华大学法学院（2016 版）培养方案中民法必修课则仅包括民法总论，但是选修课则比较丰富，包括限选课物权法、债法和选修课侵权行为法、侵权行为法研讨与案例分析、外国民法、亲属与继承法、民法研讨与案例分析、德国民法概论。

（三）学分设置

《法学类专业标准》中建议法学类专业培养方案总学分应控制在 160 学分左右，其中实践教学累计学分不少于总学分的 15%。考察各院校培养方案的总学分要求，最高的是中南财经政法大学法学院（2016 版），总学分为 179 学分，最低的是武汉大学法学院（2013 版）培养方案，总学分仅为 140 学分。在民法课程学分设置上，由于各院校教务部门对各专业总学分，必修课、选修课学分比例的强制性要求，民法课程的学分设置差别比较大。考察前述"全面的必修课程+小选修课"类型的院校，民法必修课总学分最少的为中南财经政法大学法学院（2016 版），仅为 7 学分，最多的是中国政法大学民商经济法学院（2018 版），为 14 学分，平均为 10.5 学分。"民法引导课+大选修课"类型的院校中，武汉大学法学院（2013 版）培养方案，民法必修课总学分也达到 6 学分。考察选修课的学分设置，比较普遍的是物权法 3~4 学分，婚姻家庭与继承法 2~3 学分，合同法各论 3 学分，侵权行为法 2~4 学分，人格权法 2 学分。

（四）教学安排

民法课程安排应体现民事法律法规的特点和民法学习的基本规律。考察各院校民法课程安排的顺序，其基本特点是：一是先理论教学，后实践教学，理论教学多安排在大学 1~3 年级，实践教学则多安排在 3~4 年级，学生在全面掌握民法理论知识的前提下，再进入民法实务技能的训练。这与学生的学习规律和从理论到实践认识事物的规律，基本吻合。二是先民法总论，后民法分论。总体上，各院校民法课程的安排都是先安排学习民法总论的内容，再学习民法分则的具体制度，这符合民法法典的规范顺序。当然，在具体开设的学期上，由于民法总论的抽象和学习的难度，大部分院校都安排在大一第二学期开设，但是亦有个别院校，例如武汉大学法学院（2013 版）、吉林大学法学院（2018 版）选择在第一学期开设。

二、代表性院校民法课程设置评析

从上述重点院校法学本科培养方案来看，民法课程在整个培养方案必修课中都占据重要地位，大部分院校都安排较多的学分讲授民法理论知识，并且安排民法实践课程配合理论课程。但是，在《法学类专业标准》和《民法典》出台后，上述院校的民法课程设置需要检讨之处颇多。

（一）理论课程和实践课程的衔接

从多数法学院校民法课程设置来看，民法教学主要分为理论课程和实践课程。理论课程拆分为不同的课程，通过系统的讲授和训练牢固掌握民法基本知识和基本理论，形成合理的整体性知识结构。实践课程主要开设法律实务、案例分析、模拟法庭、法律诊所、专业实习和审判观摩等课程，通过真实或模拟场景训练学生处理法律实务问题的能力和技巧。从整体课程设置来看，理论课程和实践课程相互配合，融会贯通。但是，仔细观察各院校实践教学课程的设置，却发现有的院校并没有单独开设民法案例分析或民法实务等实践课程，如武汉大学法学院（2013 版）培养方案。同时，在民法理论教学中安排实践教学环节或与理论课程相衔接的民法案例分析课程并没有成为普遍的做法，这与《法学类专业标准》提出"在理论教学课程中应设置实践教学环节，改革教学方法，强化案例教学，增加理论教学中模拟训练和法律方法训练环节"显然有所偏差。特别是由于理论教学中实践教学环节或案例分析课程的缺失，学生缺乏从理论知识到实务能力的法律方法和案例分析的训练环节，使得学生面对实践课程时无所适从，以致实践课程往往流于形式。

（二）民法必修课和选修课的关系

从各法学院校培养方案来看，民法课程的设置不仅受到教务部门对法学专业总学分的限制，而且受到各院校培养方案课程类别和学分比例的约束，由此造成各院校民法课程设置千差万别。特别是部分院校由于法学专业总学分和必修课总学分限制，民法必修课程学分安排较少，只能通过安排较多的选修课程以保证民法教学内容的完整性，例如武汉大学法学院（2013 版）和清华大学法学院（2016 版）培养方案。虽然这种做法亦能够部分保证民法教学内容的完整性，但是在学分制下，课程选修制度并不能保证所有学生都能够选修全部民法课程，由此导致部分学生不能完整地学习民法知识。同样，有部分院校在已经完整开设民法课程的情况下，另重复开设大量民法选修课，如中南财经政法大学法学院（2016 版）培养方案，是否必要，值得检讨。在《法学类专业标准》和《民法典》出台后，值得探讨的是如何有效处理民法必修课和选修课的关系，如何合理设置民法必修课和选修课，如何衔接好两者的关系。

（三）民法课程的学分设置

从保障民法教学内容的完整性和民法教学的基础性地位的角度，在法学本科培养方案中为民法课程安排再多的学分都是不为过的。[1] 然而，从各法学院校培养方案来看，部分院校的民法必修课程总学分仍然偏少，例如中国人民大学法学院（2014 版）培养方案仅为 8 学分，中南财经政法大学法学院（2016 版）培养方案仅为 7 学分，低于民法必修课平均 10 学分的标准。从保证民法教学内容的完整性和教学质量来看，过低的民法必修课学分对于民法教学和学生学习是不利的。

（四）民法课程的教学安排

从各院校培养方案来看，民法课程教学安排普遍以民法总则或总论开头。这尽管不符合从具体到抽象的认识规律，但是与目前《民法典》的体例是相吻合的。同时，为降低学习的难度，照顾学生学习法律的渐进性，多数院校在本科第二学期才开设民法总论，这些做法无疑是符合大多数法学本科生学习能力和认识水平的。但有个别院校，例如武汉大学法学院（2013 版）、吉林大学法学院（2018 版）选择在第一学期开设。在此种情形，如果学生的学习能力和接受能力较强，则在第一学期开始民法总论也无可厚非。但如果学生不具备法学基础知识，不了解各个法律部门

---

〔1〕 刘坤轮：《论民法学在法学本科专业课程体系中的基础地位》，载《中国大学教学》2019 年第 11 期。

概貌的情况下，贸然进入民法总论的学习，对学习能力不足和基础欠缺的同学，无疑是巨大的挑战。

三、《民法典》颁布对民法课程设置的影响

民法是民事领域的基础性、综合性法律，它全面规范各类民事主体的各种人身关系和财产关系，被称为"社会生活的百科全书"[1]，《民法典》就是将上述规范综合性、系统性地编纂成一部法典。《民法典》的颁布必然会对民法教学内容和教学技法等产生显著影响，民法教学将会形成以民法典为中心的教学科目，教学技法将更侧重解释论的内容和方法。[2]特别是民法课程设置必然需要紧密围绕民法典的体例和结构展开。

（一）《民法典》与民法教学的关系

在《民法典》颁布后，《民法典》必然成为民法教学内容的重要组成部分，甚至是民法教学的指引，但是从法学教育的目标和功能的角度，《民法典》与民法教学既有联系，又有所区别。

首先，在《民法典》颁布后，民法教学需要将《民法典》作为民法教学的对象，不仅要围绕其设置民法的基本教学课程，更要在民法教学中运用法教义学的方法围绕《民法典》以解释学的方法展开民法知识的讲解和传授。从这个意义上，《民法典》或可成为传授民法知识或民法精神的载体。

其次，民法教学内容不必然受《民法典》规范的限制。民法

---

〔1〕 全国人民代表大会常务委员会副委员长王晨：《关于〈中华人民共和国民法典（草案）〉的说明——2020年5月22日在第十三届全国人民代表大会第三次会议上》，载《中华人民共和国民法典》，法律出版社2020年版。

〔2〕 刘勇：《民法典的编纂特点与体系展开》，载《东南大学学报（哲学社会科学版）》2020年第4期。

教学固然是以《民法典》为基础展开，但其更重要的使命应当是超越实在法之上的"一般性权威命题或原理"的传授。[1] 民法教学并不是《民法典》的普法教育，而是要在教学中深入讲授民法的历史、精神和制度以及民法的基本原理。这也是很多院校将民法课程的名称称为"民法学"或"民法学原理"的原因。

最后，民法教学目标和功能的必然要求。根据《法学类专业标准》的要求，法学类专业人才不仅要"牢固掌握本专业的基本知识和基本理论，并形成合理的整体性知识结构"，而且要"具备将所学的专业理论与知识融会贯通，灵活地综合应用于专业实务之中的基本技能"。由此，专业法学教育应当由传授知识及培育智能技能的课程组成。[2] 也就是说，民法教学不仅要重视民法知识的传授，更要注重民法实务技能的训练，这也是很多院校将民法课程区分为理论课程和实践课程的主要原因。

总之，《民法典》作为民族精神和民法文化的承载者，作为开展民法知识和精神传授的载体，在民法教学过程中，既不能偏颇地奉其为圭臬，也不能将两者截然对立或者独立开来。

（二）《民法典》的整全性与民法课程门类设置

我国此次编纂的《民法典》共七编，分总则和分编，依次为总则编、物权编、合同编、人格权编、婚姻家庭编、继承编、侵权责任编，以及附则，整体采用的是德国潘德克顿式的体例。从形式上看，上述体例结构不仅遵循总则—分则的逻辑顺序，而且在分则以财产法—身份法—责任法的逻辑对各编进行编排。从内

---

〔1〕　雷磊：《法教义学与法治：法教义学的治理意义》，载《法学研究》2018 年第 5 期。

〔2〕　何美欢等：《理想的专业法学教育》，中国政法大学出版社 2011 年版，第 26 页。

容上看,《民法典》不仅全面规定财产法的规则,而且将婚姻家庭继承法的内容囊括其中,体现出《民法典》调整社会生活的全面性的特点。由此,以《民法典》为基础的民法教学,必然要求民法课程设置应当能够全面覆盖《民法典》的上述内容,保证民法教学内容无所遗漏。但考察上述院校的民法课程设置,民法必修课程内容多有所遗漏,特别是多数院校必修课缺少人格权编和婚姻家庭继承编的内容,在《民法典》颁布后,此种状况势必要有所改变。

同时,由于《民法典》已经充分整合《婚姻法》《继承法》《民法通则》《收养法》《担保法》《合同法》《物权法》《侵权责任法》《民法总则》等民事基本法律,为维护《民法典》作为民事基本法的权威性,民法课程不适宜再以上述法律名称命名,例如物权法、婚姻家庭继承法、侵权责任法,而应该采用民法(一)(二)(三)和(四)等名称。当然,基于民法和民法学的区分,[1] 课程名称亦可以采用民法学或民法学原理。

(三)《民法典》的体系性与民法课程编排

民法典的制定乃基于法典化的理念,将涉及民众生活的私法关系,在一定原则之下作通盘完整的规范。[2] 民法典的编纂不同于民法典的汇编,我国《民法典》的编纂不仅是将现行的单行民事基本法律整合为一部法典,更是要借助法典化实现体系整合和价值宣示的功能。特别是在民法典编纂过程中,可借助民法典

---

〔1〕 民法是法律体系中的一个独立的法律部门,居于基本法的地位。民法学是以民法为研究对象的科学,它研究民事法律制度、民事法律现象和民法所反映的社会发展规律。参见朱文英:《论〈民法学〉课程体系之优化》,载《重庆科技学院学报(社会科学版)》2010年第1期。

〔2〕 王泽鉴:《民法总则》,中国政法大学出版社2001年版,第22页。

消除法律规范之间的冲突，形成在价值上一致、逻辑上自洽的民事规范统一体。[1]《民法典》颁布后，民法具体制度的理解和适用应当贯彻体系思维，通过法解释学实现民法规范前后一致和价值贯通的解释。因此，以《民法典》为基础的教学，必须贯彻体系思维，在民法教学时不能将《民法典》各编人为割裂而孤立地展开知识传授，例如民法总则的讲授不能脱离各分编的具体制度，而物权编的讲授亦需要照顾合同编规则联系，特别是要重视由《民法典》第 464 条[2]所引发的婚姻家庭继承有关的协议对合同编的参照适用问题，以及由继承和遗嘱所引起的物权变动的体系关联问题。

同时，基于《民法典》的体系性思维，民法教学应当尽量按照民法典的编纂逻辑和体系关联设置课程和安排具体教学内容，保持课程设置的整体性和前后衔接，并且兼顾课程的知识容量和学习的难度。但考察上述院校民法课程设置，尽管课程设置基本符合《民法典》的体例结构，但是在课程教学内容方面仍然有继续调整的必要，个别院校拆分后的民法课程各个学期学分安排和知识容量不均衡，例如中国政法大学民商经济法学院（2018 版）培养方案中第 4 学期开设的民法学原理三安排的物权法占 6 学分之多，而民法学原理二债法仅为 5 学分，这与《民法典》中物权编和合同编、侵权责任编的容量明显不匹配。因此，可以设想的未来改进方案为：开设 4 个学期的民法课程，按照先总则后分编，先财产编后人身编的《民法典》体例，分别讲授民法总则、

---

〔1〕 王利明：《民法典体系研究》，中国人民大学出版社 2012 年版，第 24 页。
〔2〕 《民法典》第 464 条规定：合同是民事主体之间设立、变更、终止民事法律关系的协议。婚姻、收养、监护等有关身份关系的协议，适用有关该身份关系的法律规定；没有规定的，可以根据其性质参照适用本编规定。

物权编和债权总则、债权分则、人身权。

总之，《民法典》颁布后，民法课程设置势必要重视民法课程设置的完整性和编排的合理性，其应当能够全面涵盖民法典各编内容，不能有所遗漏。民法课程安排必须考虑《民法典》先总则后分编的结构，以及财产权编（物权和债权）与人身权编的体系整合需要，保证各学期教学内容的完整性、独立性和知识容量的大体均衡。

四、《民法典》颁布后民法课程设置的调整和优化

基于对上述有代表性的法学院校法学本科培养方案民法课程设置的检讨，以及《民法典》对民法课程设置的影响，未来民法课程设置应当结合《法学类专业标准》和《民法典》体例，在课程体系、课程结构、学分设置和学期安排方面做出调整和优化。

（一）民法课程结构的调整和优化

《法学类专业标准》提出法学类专业人才要"具备将所学的专业理论与知识融会贯通，灵活地综合应用于专业实务之中的基本技能；具备利用创造性思维方法开展科学研究工作和创新创业实践的能力"并且提出实践教学累计学分不少于总学分的15%。根据上述要求，在法学本科培养方案中，民法课程不仅应当安排理论教学课程，更要设置实践教学课程。前者应当重点围绕《民法典》基本制度和规范，采用法教义学的方法，使学生全面掌握民法的基础知识和基本原理。后者则侧重通过"真实场景"和实际参与，使学生掌握运用民法知识和原理解决民法实务问题的技能，例如民法实务、模拟法庭、法律诊所、法律实习等课程。

在民法课程体系中，尤其值得重视的是案例教学课程。为解

决前述理论教学和实践教学课程之间的脱节问题和学生知识应用能力不足的问题，建议各院校在培养方案中增加民法案例分析课程。在这方面，可以借鉴的是德国法学教育中的"案例研习课"（Klausurenkurs），这些课程的任务就是让学生练习案例分析技术，把从课程中学到的系统的法学知识应用到案例中。[1]案例研习课的核心方法是"涵摄法"（或译"归入法"，Subsumtion），即审查待决案件事实是否可归属（Zuordung）在某一法律规范的构成要件之下，得出法律效果是否发生的结论。[2]从本质上看，德国案例研习课并不同于与实践教学课程，其目的在于配合民法理论课程的讲授，运用请求权基础分析方法或鉴定式案例分析方法，以经过精简或剪裁的案例为教学素材，训练学生解决法律问题的能力，培养扎实的法律理论功底。这种案例分析课程，仍然属于理论课程的范围。案例分析课程的设置，可以借鉴华东政法大学（民商法方向 2017 版）的培养方案，在民法基础课程之后安排选修性质的民法案例研习课程，如《民法案例研习 I》和《民法案例研习 II》，甚至在师资力量和总学分允许的情况下，可以开设《民法案例研习 III》。当然，如果将上述民法案例研习课程设置为必修课程，民法理论教学课程设置将会趋于完美。

除理论教学中安排案例教学课程外，比较理想的做法是在实践教学环节亦安排适当的案例教学课程，由此形成递进式的法学实践课程教学体系。[3]基础课程阶段的民法案例研习课，侧重

---

〔1〕 ［德］芭芭拉·朗格：《如何高效学习法律》，北京大学出版社 2020 年版，第 99 页。

〔2〕 朱晓喆：《请求权基础实例研习教学方法论》，载《法治研究》2018 年第 1 期。

〔3〕 段辉艳、罗丽琳：《递进式法学实践教学体系的探讨与实践》，知识产权出版社 2013 年版，第 6~7 页。

知识的传授和法律思维的培养，主要训练学生形成完整的民法知识体系，初步掌握法律适用的基本技能，案例选材较为简单。如果遇到较为复杂的、真实素材的案例，学生则因为缺乏梳理案例材料的经验、证据收集的能力和法律检索的技巧，往往手足无措。为弥补虚拟案例或剪裁案例与实务案例之间的沟壑，部分院校特开设高级案例研习课，例如中国政法大学的田士永教授开设的民法案例研习课[1]，以及北京大学法学院葛云松教授和许德峰教授开设的民法案例研习课[2]，都可资参考。

（二）民法理论课程设置的优化

如前所述，《民法典》的颁布必然要求在民法教学过程中以《民法典》为中心开展民法知识和理论的传授，以及法律适用方法的训练。在民法教学内容和课程结构方面，民法教学活动应当完整而有体系地体现《民法典》的重要制度，特别是应当将人格权编和婚姻家庭编的内容安排在民法必修课程之中。根据本人多年民法教学经验，可以借鉴华东政法大学（民商法方向2017版）培养方案中的民法课程结构，将民法课程分为四部分，即民法（一）可以安排民法总则，民法（二）可以安排物权和债权总则，民法（三）可以安排合同（主要包括合同特殊规则和合同分论）和侵权责任，民法（四）可以安排人格权和婚姻家庭继承。在该教学方案中，民法课程安排基本遵循总则—财产法—人身法的逻辑顺序和《民法典》的体例结构依次展开，其有利于学生在教学活动中深入理解《民法典》各编之间的内在关联，培养法律适用的体系思维。同时，上述方案亦考虑到民法各学期教学内容的均

〔1〕 田士永：《民法学案例研习的教学实践与思考》，载《中国法学教育研究》2011年第3期。
〔2〕 葛云松：《法学教育的理想》，载《中外法学》2014年第2期。

衡和大致相当，可保证教师在正常的教学周期内能够完成教学任务，学生课业负担不至于过重。

除上述必修课外，民法课程应当安排适量的选修课程，但其不应当是必修课程的简单重复，而应当侧重学生知识面的拓展和知识运用能力的提升。就此，可以借鉴华东政法大学（民商法方向 2017 版）培养方案，在选修课程设置深度研习课和横向拓展课。其中，深度研习课包括案例研习课和专题研讨课，案例研习课，侧重培养学生的知识运用能力，而专题研讨课侧重培养学生的学术研究能力（主要面向有志于将来从事学术研究和进一步深造的学生）。对于横向拓展课程的设置，可考虑开设罗马法、比较民法等能够拓展学生知识面的课程，或者可根据教师研究方向开设特色选修课程，例如有留德、留法和留日背景的教师可以开设德国民法概论、法国民法概论、日本民法概论等课程。

（三）民法课程的学分设置和学期安排

民法课程的学分设置总体上应当参考教学内容的多寡合理设置。根据本人教学经验，民法（一）的内容可以设置 3~4 学分，民法（二）的内容略多，应不少于 4 学分，民法（三）的内容和民法（二）大致相当，也不应少于 4 学分，民法（四）的内容应在 3~4 学分之间，总体民法必修课程学分为 14~16 学分，基本能够实现比较理想的教学效果。如果再加入民法选修课程学分和实践教学课程学分，民法课程总体学分将达到 28~30 学分，足以突显民法课程在法学教育中的基础性地位。

在民法课程的学期安排方面，为保证学生学习的效果和民法教学的连贯性，民法必修课程四部分内容应当从第二学期开始连续四学期开设。同时，与民法基础课程配套的民法案例分析课程应当与基础课程同步开设，在基础课程教学完成之后随即展开，而民法深度研习课、横向拓展选修课程、民法高阶案例研习课程和民法实务类课程，则应当在完成民法基础教学课程之后再行开设，以保证教学和学习的循序渐进。

由此，在本科学习期间，民法教学可实现全学段覆盖、全方位培养、渐进式安排和从理论到实践的理想教学模式，同时能够兼顾学术型和应用型人才的培养目标。

表1　民法课程设置之理想方案

学期女排	理论教学课程			实践教学课程
	必修课及学分	必修课教学内容	选修课及学分	
第2学期	民法（一）3~4学分	民法总则		
第3学期	民法（二）4学分	物权和债法总论（包括合同通则和准合同）	民法案例分析（一）2学分	
第4学期	民法（三）4学分	合同分则和侵权责任	民法案例分析（二）2学分	
第5学期	民法（四）3~4学分	人格权和婚姻家庭继承	民法案例分析（三）2学分	
第6~7学期			民法专题研讨比较民法罗马法等	民法高级案例研习法律（民法）实务

五、结语

民法作为法学本科专业的基础性课程，其教学质量和教学效果的优劣对于法学本科教育教学目标的实现具有至关重要的地位，特别是对于确保《民法典》的有效实施意义重大。为保证《民法典》的正确理解和适用，法学本科院校有必要对培养方案中的民法课程进行调整和优化。本文正是基于上述考虑，提出了具体的课程设置方案，以供各院校修改培养方案时参考。当然，对于本文所提出的方案，仅是在比较各个法学院校的培养方案和总结自身教学经验后，认为其比较符合多数法学本科专业和《法学类专业标准》的要求，是较为理想的方案之一，并无绝对性。各个院校完全可以在本文所提出的方案基础上，根据师资力量和学分要求进行调整。当然，无论如何设置，本文所提到的民法教学内容的完整性和体系性都是不能偏离的。

新时代宪法学课程构建[*]

张佩钰[**]　高　云[***]

摘　要： 由于宪法本身更侧重于理论性与政治性的原因，一直以来对于宪法学的教学方式比较传统刻板，新时代以来，在推动全面依法治国的道路上，宪法居于核心地位，是全面依法治国的根基所在。不断培养高素质宪法人才投身到全面依法治国建设中去是当前最紧要的任务，这也就要求在宪法学教学上要随时代的发展而改革，构建以全面依法治国为导向的新时代宪法学课程，提高学生的宪法素养，为推动全面依法治国注入新力量，同时也为我国的法学教育事业增添新的活力。

关键词： 宪法学　宪法学课程　全面依法治国

* 贵州师范大学校级一流本科课程《宪法学》（编号：2021XJKC）。

** 张佩钰，武汉大学法学博士，贵州师范大学法学院副教授，硕士研究生导师，研究方向：宪法学与行政法学、地方立法学。

*** 高云，贵州师范大学法学院法律（法学）2020级硕士研究生。

引　言

十年树木，百年树人。从古至今教育都是人类事业向前不断发展的基石。《道德经》中老子说："是以圣人之治，虚其心，实其腹；弱其志，强其骨。常使民无知无欲，使夫知者不敢为也。为无为，则无不治。"[1] 无为而治并不代表什么都不做，恰恰相反只有国家为民众提供更好的发展环境，使民众不为饥寒所累，不为金钱所扰，人人都能接受良好的教育，才会促进社会的稳定与发展。千百年来，无数的先辈在教育的道路上总结了千千万万条经验，这些都对当今教育事业的发展具有非常重要的借鉴意义。在迈向新时代的道路上，宪法学的教育模式要不断地推陈出新，教学方式更是要在先辈总结的经验基础之上结合当前时代的特征不断转化发展，打造宪法教学的新形式。这样才能不断地培养出宪法人才，为我国的宪法事业不断注入新的力量，为我国的社会法治建设不断增添新的活力。

一、新时代宪法学课程构建的意义

在党的十九大会议上，习近平总书记指出，我国迈入了新时代中国特色社会主义。我们国家踏上了新的征程，进入了新的阶段，面临着千百年未有之大变局。进入新时代虽然并没有改变我国仍长期处于社会主义初级阶段的状态，但是却有了新的思想、新的形势、新的目标，新的矛盾[2]。2021 年我们开启了下一个百年目标的新征程，计划到 2035 年基本实现现代化，到 21 世纪

---

〔1〕　（春秋）李耳：《道德经》，黄善卓译注，江西人民出版社 2016 年版，第 6 页。
〔2〕　万尧绪：《中国特色社会主义"新时代"内涵探析》，载《蚌埠党校》2017年第 4 期。

中叶基本实现共同富裕。而对于我国的教育事业当然也要紧追现代化的步伐不能落下，在新的征程中不断地改革创新，优化教育资源配置，不断探索更科学化更人性化的教学方式方法，既要坚持学生的主体性，也要充分发挥教师的主导作用。宪法学教育的改革亦是如此，新时代的教育模式要在现有的新形式基础上不断地创新发展，应积极探索符合新时代潮流的宪法学教育模式，在现有的教学经验基础上打造新式的宪法课堂。新时代的宪法学课程要顺应全面依法治国的要求，加强对学生们思想政治的引导，提高学生们的宪法素养，推动我国宪法事业的发展。不断完善宪法学课程教学，立德树人，不仅要让学生们从中学到知识，更要为学生们树立正确的人生观、价值观，为社会主义事业培养一代又一代接班人。因此，构建新时代宪法学课程具有重大意义。

（一）推动全面依法治国

党的十九届四中全会以来，习近平主席多次强调，坚持全面依法治国，是中国特色社会主义国家制度和国家治理体系的显著优势。全面依法治国首先要坚持依宪治国，宪法规定着我国的根本制度、基本制度、基本权利等重要内容，是国家与人民都要遵循的基本行为准则，体现着我国社会主义国家的基本价值观念[1]。推动全面依法治国，必然需要法治人才，需要高素质的法治工作队伍来建设，这就对于高素质法治人才的培养提出了更高的要求。因此，新时代宪法学课程的建设必须以全面依法治国为导向，彰显鲜明的时代特征，对法学专业学生的培养要顺应法治建设的需要。宪法学教育更是法学教育的重中之重，宪法是中

---

〔1〕　习近平：《推进全面依法治国，发挥法治在国家治理体系和治理能力现代化中的积极作用》，载《先锋》2020 年第 12 期。

国特色社会主义法治体系的核心，是众法之源，是其他法律、行政法规、地方性法规等规范性法律文件有效运行的基准。以全面依法治国为导向，这是新时代宪法学课程的核心内容。构建宪法学课程学习的新形式，使学生能够真正地爱上课堂，掌握专业本领，这对培养高素质法学人才，推动全面依法治国，甚至完善法学教育都具有非常重要的里程碑意义。

（二）加强思想政治的引导

我国是社会主义国家，是马克思主义思想的继承者，要始终坚持马克思主义思想指导地位不动摇。这也要求我们的学科理论都要坚持马克思主义思想的指导。马克思主义法学理论不仅是政治指导原则，而且是法学教育、法学研究、法学学习的基本原则，必须深入法治人才培养的全过程[1]。习近平主席多次强调青年是祖国的未来，民族的希望，因此青年思想政治的教育至关重要，要用马克思列宁主义、毛泽东思想、中国特色社会主义理论思想武装青年，培养坚强的社会主义接班人。思政课程不是孤立的一门课程，要注重与其他专业课程的结合教育，充分利用其他课程中蕴含的思政资源[2]。宪法学课程蕴含着大量的思政资源，与思想政治有着无法割舍的关联，宪法作为我国的根本法，确立了党的领导地位，确立了我国发展道路上始终坚持的指导思想。新时代的宪法学课程构建最首要的任务就是要加强与思想政治课程的结合，为一代又一代的共产主义接班人树立正确的意识观念，加强新一代的接班人对我国法律政治性和意识形态上的正

---

〔1〕 周叶中：《新时代中国法学教育的问题与使命》，载《人民法治》2018 年第 16 期。

〔2〕 习近平：《思政课是落实立德树人根本任务的关键课程》，载《新长征（党建版）》2021 年第 3 期。

确认识。

（三）推动我国宪法事业发展

宪法不是供人瞻仰的权利宣言，其具有重大的实践意义。制定宪法的目的就是要通过实施宪法，实现宪法的价值和功能[1]。宪法的实施对于中国特色社会主义法治建设与发展具有重大的意义，宪法首先是一部法律，法律最重要的作用就是给不公以正义，给侵害以救济。目前我国宪法实施的体制还不完善，宪法在实践应用中还存在着诸多的问题。比如基本权利的私法效力问题在我国能否找到适用的途径，宪法的解释、监督等方面制度建设不完善等一些问题。从实际出发，在司法实务当中缺少对宪法的适用，也造成了在教学上对宪法学的漠视，学生们感觉不到宪法的实际用处，也难以激起对宪法的学习兴趣。目前在宪法领域上，经过无数宪法学者多年的探索与实践，逐渐形成了合宪性审查和合法性审查的机制，但这些成果还远远不够，我国的宪法事业仍是任重而道远，我们需要更多新的力量注入其中，肩负起发展我国宪法事业的使命。新时代宪法学课程的构建要以推动我国宪法事业发展为远景目标，改变墨守成规的课堂，让学生们在学习宪法的过程中，激发学生对宪法的兴趣与探索，培养高素质的宪法人才，推动我国宪法事业不断向前发展。

二、现有宪法学课程中存在的问题

（一）思想政治引导不充分

思想政治课程不仅是具备专业性的一门课程，更是应渗透在

---

〔1〕　《宪法学》编写组：《宪法学》（第2版），高等教育出版社2020年版，第318页。

各门学科之中。当下，各门学科与思想政治课程的融合并不融洽，未能充分发挥其他课程对思想政治传播的间接作用。就宪法学课程来讲，在法学门类中本应是与思想政治关联最密切的一门课程，但也未能充分地发挥对传播思想政治的间接作用。现有宪法学课程中仍主要是以知识讲解为主，虽然宪法中也蕴含着很强的政治性，但在道德教育上和意识形态的巩固上还有待提高。

宪法学课程不仅要向学生们传授专业知识，更要为学生们树立正确的政治思想和法治道德观。教书育人最重要的就是育人，如何做人，这看似是一个虚无缥缈的问题，但在如今的教育当中往往都忽略了这最为重要的一点，实践中许多法学生从业以后暴力执法、贪赃枉法，看似个人品质不端，但溯其本源就是从一开始教育上对德育的缺失。教育变得功利化，学生们学会了答题技巧，背会了许多法条，但却忘了指导着这一切的最基本的价值[1]。因此宪法学课程最重要的责任就在于对学生们加强思想政治宣传，树立正确的法治道德观，巩固意识形态，提高宪法素养，在学习的过程中逐渐形成舍身护卫宪法的正义感和使命感，捍卫全面依法治国事业的责任感[2]。

（二）学生缺少法学思维

当前在我国的法学教育安排中，宪法被安排在大学一年级第一学期，刚刚入学的莘莘学子们还不具备法学思维，还停留在以前高考的学习模式与思考方式之中。课堂上老师们也都是以理论来解释理论为主[3]，许多宪法学上的基本概念对于学生们来说，

---

〔1〕　王利明：《法学教育的使命》，载《中国法学教育研究》2017 年第 1 期。
〔2〕　李德龙：《宪法教育简论》，武汉大学 2004 年硕士学位论文。
〔3〕　李玉德：《高校宪法教学改革的几点思考》，载《法制与社会》2016 年第 5 期。

既无聊又枯燥，难以听懂。再加上老师们对于学生缺乏学习方法和法律学习思维的引导，学生们容易产生厌学心理，这导致学生们对宪法的学习陷入了僵局。这种教条式的灌输不会让学生对宪法提起任何的兴趣。大学应该是充满想象力的，让思想交融碰撞的地方，应以充满想象力的方式去传授知识而不是去培养一个不断重复的机器[1]。知识是容易获得的，但更难领悟的是智慧，智慧需要不同思想之间的不断碰撞交汇才会激起绚烂的火花。我们最重要的任务是启发，引导学生们发散思维，要让学生们能透过一滴水，看到一片汪洋大海。

（三）理论与实践结合不紧密

首先，理论知识与宪法中的实践结合不紧密。现实教学中由于宪法本身的特点，课堂上老师们仍然是以偏重理论为主，宪法学本身就应该是一门理解宪法规范与实践的专业学科[2]，那么相应的就应该在宪法学的教学中加强理论与实践的结合。理论是脱离不了实践而空谈理论的，同样实践也不能缺乏理论的指导。选举制度，基本权利的实施，宪法监督，合宪性审查等这些问题在课堂上也只停留在理论的探讨之中，这不利于学生们的理解和学习，也难以激起学生们对宪法的兴趣。

其次，宪法课程的学习与法律职业资格考试结合不紧密，在我国从事法律实务工作的首要条件就是要通过资格考试，但是我们目前的宪法学课程设置与资格考试的考试范围大纲不相衔接，这样就会导致学生们在经历过本科的教学以后，还要重新来到法

---

〔1〕　［英］阿尔弗雷德·诺斯·怀特海：《教育的目的》（汉英双语版），靳玉乐、刘富利译，中国轻工业出版社 2016 年版，第 109~120 页。

〔2〕　朱福惠：《宪法学教学如何面对中国的宪法实践》，载《中国宪法年刊》2016 年第 0 期。

考的道路中再次学习，一方面是对资源的浪费，另一方面也造成了学生们学习上的负担。

宪法学教学中使宪法学与宪法实践和法律职业资格考试脱节，更让宪法学失去了对学生们的吸引力。

（四）互联网技术利用不充分

新时代法治的发展深受科学技术的影响。宪法学教育的发展离不开新兴科学技术的支撑。在新冠疫情期间，学生们足不出户就可以在家上网课。但是此种形式的网课教学效果并不好，网课缺乏对学生们的监督，许多学生钻空子，在软件上打卡应付上课的现象频发，师生之间实时交流的效果也不好，这达不到课堂实际应有的效果。

针对宪法学的教学，当前我国各大高校都采用多媒体工具来辅助教学，主要的形式是采取幻灯片教学，利用幻灯片的展示来代替传统的板书，这固然是一方面的进步，但也存在着一些问题。一方面，由于发展不均衡的原因，一些地区的多媒体工具与互联网的建设还有不足之处。比如设备上的技术障碍或者老化问题，往往会因为设备的无法使用，影响课堂效果。另一方面，对于大数据平台的使用不广泛。虽然同学们个人的互联网设备同样具备查阅信息和资料的功能，但是网上信息繁杂纷乱，对宪法学专业性信息的搜索成本要加大，没有一个相对系统的、专业的宪法知识平台供学生们学习与使用。

三、新时代宪法学课程构建路径

（一）加强宪法学课程与思政课程的结合

1. 讲好思政故事

充分利用宪法中的思政资源，讲好思政故事。宪法一词是从西方传来，溯其本源、讲其根本，难免要接触学习西方的政治制度与文化，而在此过程中正是宣讲思想政治的好时机，宣讲中国宪法故事，经中西对比彰显出社会主义制度的优越性，引导学生增强道路自信、理论自信、制度自信[1]。国家基本制度、公民的基本权利与义务、国家机构、宪法监督等章节中都可以编排好思政故事，在讲授知识的同时融入思想政治的传播，加强学生们对社会主义道路坚定信仰。

2. 开展思政活动

思想政治不仅只是在课堂上简单的知识传输，更应该具体到实践中去体会和感受。组织开展思政活动既有利于加深对专业课程的热爱，也有利于树立正确的价值观、道德观。如组织学生们到孤儿学校作代办班主任、到社区作宪法宣讲等活动。这可以让学生们在活动中切身实地地感受到党领导的正确性、国家的强大、人与人之间的关怀等。在洗涤灵魂的同时，也让同学们去发现、分析、讨论宪法问题，比如在孤儿学校的活动中，去感受现实中关于人权保障存在的相关问题。理论与实践的结合不仅提高了同学们的思想政治觉悟，也有利于加深同学们对专业知识的理解。

（二）多元化思维培养模式

1. 建设知识体系

首先要构筑宪法学思维导图，让学生们对于学科体系有一个全面的了解，其次构筑中国特色社会主义法制体系的框架图，让学生们从处于核心地位的宪法出发，全面掌握我国法律体系的结

---

[1]　左晶：《宪法课程与思政结合的探索与实效分析》，载《教育教学论坛》2020 年第 34 期。

构。建设完整的知识体系框架一方面有助于学生们对宪法学知识的宏观了解，把握学科大致的学习脉络与方向。另一方面为学生们学习其他部门法提供了借鉴基础。

2. 培养宪法思维

通过宪法事例教学，打造实践—理论—实践的事例教学模式[1]，让学生们从生活中的事例中去了解这些事件当中存在的宪法问题，进而培养学生们的宪法思维，从宪法角度出发去看待一些行为是否侵犯基本权利，一些法律是否违反宪法。针对刚入门的学生们来说，不能让专业术语成为学习的壁垒。通过鲜活的事例使学生们更能理解制度上的规定与建构，从生活中回到书本上来，再从书本上到生活中去。这样才能让学生加深对宪法的认识与理解，同样也有助于在以后的法律工作当中，从宪法的高度去思考合宪性、合法性的问题，并且基于基本权利和义务的价值导向给自己树立正义、道德的考量标准。

3. 激发学生创造性思维

人的思维之美就在于无限的创造性和可能性，每个单独的个体都是思维的发散器，我们要让思维融合碰撞而不是去不断地塑造一个又一个重复性思维的阴影。在宪法学课程的教学中更重要的是培养学生们的集中性思维和发散性思维，让学生们敢于多层次、多角度、彰显自己新颖独立的观点。既能集中已有各种信息，利用熟悉的规则解决问题，又能沿着不同的方向思考，重新组织头脑中已有信息，从而逐渐让学生们养成发现问题、分析问题、提出假设、检验假设的思维习惯，以此提高学生们解决实际问题的分析和实践能力。

---

〔1〕 原新利：《宪法案例教学研究》，中国政法大学 2005 年硕士学位论文。

（三）理论与实践联动交融

1. 丰富课堂实践形式

20 世纪以来美国的法学教育更注重职业实践的教育，采取案例教学的方式不断地培养学生们对法律实践的亲密度，而不是只是停留在理论上而对法律实践感到生疏。有学者提出法律诊所式的模拟实践方式，模拟实践中的法律实践情景从中去学习法律的实际用处。这些方法都有助于提高法学学生的实践能力，能够更快融合到法律实务中去[1]。德国与之不同，采用的是理论与实践相分离的形式，大课作理论教学，小课就专门来做案例分析[2]。而针对我国宪法学的特殊性来看，对于新时代宪法学课程的构建应以课堂教学为主体，并在先导的基础理念上，开展一系列相关实践活动，这种方式更适合我国的教学体制。如邀请专家进行讲座、模拟人大选举、组织宪法主题辩论赛、开办"学宪法、讲宪法"主题演讲、学生独立搜集公民基本权利各类案例做汇报、国家宪法日校园宣传、集体进行宪法宣誓等新型教学形式，从而加深学生对宪法精神的领悟，增强学生的语言表达能力和思辨能力，以培养合格的职业法律人才。

2. 与法考紧密结合

在宪法学教学中要融合法律职业资格考试的要素，在学生理解宪法学基础理论知识的基础上作相关法考的教学指导，法考的题目难度往往要大于现阶段教学中对学生们的测验程度，法考作为检验学生们对于法律的掌握程度与为国家挑选高素质法律人才

---

[1] 孟涛：《美国法学教育模式的反思》，载《中国政法大学学报》2017 年第 4 期。

[2] 张陈果：《德国法学教育的特色与新动向》，载《人民法治》2018 年第 18 期。

的考试机制必然要有难度、有深度、有广度。能够通过法考，这也同样应是学校培养法学学生的目标，学校在教学任务的安排与布置上应做出相应的调整，对于学生们的期末考核质量应加以改善。提高期末考试的试卷质量，使之与法考接轨但又不同于法考，既要凸显出学生们对基本知识理论的掌握，又要能体现出学生们对于宪法学知识应用的深度。

3. 法律工作部门与学校联动

对整个法学的教育不仅仅是学校的任务，更是司法实务部门不可推卸的责任，法学院校与政法机关合作育人、协同育人，对于提高法律人才培养质量具有重要的价值和意义[1]。目前学校与司法实务部门在针对学生实习实践的方面有着深入的合作关系，但从整个教学过程中来说仅在最后毕业之前的实习是不够的，学生们在平常的学习活动中也需要与法律实务部门接触。针对宪法学来说，要加强学生们对一些宪法工作的了解，就要到实践中去感受宪法工作的氛围，了解宪法工作的方式方法。比如，到普法宣传部门参观了解宪法普及工作，到法工委等相关部门中去了解法律法规的起草、拟定、评估、备案审查等工作流程，这对学生理解宪法的实际用处，加深对宪法知识的理解与应用起到不可替代的作用。

（四）搭建互联网学习平台

1. 建设宪法学大数据搜索平台

利用大数据手段，建设宪法学资料平台，融合宪法事例、宪法知识理论、宪法视频课堂讲解、实时的宪法动态、宪法学相关

---

〔1〕 杨宗科：《论"新法学"的建设理路》，载《法学》2020 年第 7 期。

文献等资料的搜索平台[1]。让专业的宪法知识汇聚一处，这有助于师生利用该平台作资料搜索，提高了教学与学习的效率。学生们亦可通过这样一个数据信息体量庞大的搜索平台自行学习了解宪法知识，了解宪法事件等相关宪法动态。

2. 微视频讲解知识点

新时代以来随着科技的发展，当前流行着短视频文化，人们形成一种用微视频分享记录生活、传播知识观点和新闻资讯等新的形式宪法学的教学也要搭上科技发展的便车，抓住学生的兴趣爱好，融入学生们的学习生活中去，这可有效地帮助学生理解和掌握有关的法律概念。由于微课的形式可以使有关的教学内容直观、形象生动，因此可使宪法学理论的背景知识活了起来，有助于提高大学生的学习兴趣，调动起他们学习的积极性[2]。当然这种新形式难免提高了对于任课教师的要求，如录制的微视频内容要简短，事例还要能够引起学生的兴趣，知识的讲解也要简洁明了，让学生能够在较短的时间里去了解领会宪法知识，并且还要掌握相应的操作技术。这也需要学校能够组织掌握微视频技术的培训，抑或是聘请专业技术人员来帮助老师完成录制工作，这样利用微视频才能为学生传播宪法知识提供保障。

四、新时代宪法学课程实效评析

基于上述构建路径的基础上，在教学中已经做出了初步的实验，得到一些初步成效，在此基于以下实践成效来进一步佐证新

---

〔1〕 王胜坤：《面向深化改革时期的〈宪法学〉教学探析》，载《当代教育实践与教学研究》2016 年第 3 期。

〔2〕 朴飞、刘淑波：《微课在宪法学教学中应用的探讨》，载《学理论》2018 年第 12 期。

时代宪法学课程构建的可行性。

（一）课堂效果评析

为了进一步了解学生们对新式课堂的适应程度与专业知识的掌握程度，我们分别向 2019 级和 2020 级的学生们发起了问卷调查。我校本科法学专业 2019 级，一共 132 名学生，共发 132 份问卷，回收 132 份，其中有效问卷 132 份。2020 级共有 158 名学生，共发问卷 158 份，回收 132 份，其中有效问卷 132 份。针对 2019 级学生们的调查主要是为进一步了解宪法学对学生们后续所学科目的影响以及启发程度。针对 2020 级学生们的调查主要是为了解学生们对课程教学的满意程度，以及宪法学习、宪法学相关实践活动的参与程度。

2019 级调查结果显示：

（1）对已经学过的宪法知识以及学科体系的掌握程度达到 50% 左右。

（2）宪法学给同学们留下了深刻的印象。其中有 87% 的同学对国家基本制度兴趣颇深，95% 的同学对公民的基本权利和义务这一章节印象深刻。

（3）通过宪法学的学习，对同学们其他部门法的学习有深深的影响与启发。其中 93% 的同学认为对后期的地方立法学课程学习有帮助，88% 的同学认为对民法学的学习有帮助，78% 的同学认为对刑法学的学习有帮助。

（4）大约 62% 的同学认为对后续其他部门法的学习有着深远的影响与启发。

2020 级调查结果显示：

（1）大约 78% 的同学认为对宪法学课程的授课方式很满意，

激发了学习兴趣。

（2）大约85%的同学对于授课教师的教学方法和技巧予以肯定。

（3）大约83%的同学对教师课堂上讲授的事例印象深刻，认为讲解生动、分析到位。

（4）大约97%的同学认为在新式课堂中，宪法学理论讲解透彻，课堂实践活动丰富，课程的学习具有实用性。

综上所述，通过上述数据可以发现，同学们对于新式课堂的满意度很高，对于宪法学的兴趣在不断上升，尤其针对一些重点章节更是记忆犹新，也喜欢结合事例讲解的授课方式。对于2019级的学生来说，新形式的宪法学课程给同学们留下了深刻印象，对同学们后续其他的科目学习也带来了深远的影响，加深了同学们对宪法学知识的兴趣。对于2020级的学生来说，及时学习及时消化激发了同学们对宪法学的兴趣，并且同学们在课堂上不仅听老师讲解事例，自己也能够尝试对一些事例作专题分析，这增加了学生们的课程参与程度，并且在授课过程中我们也组织了一些宪法实践活动，比如模拟宪法宣誓，同学们都参与其中，更加深了同学们对宪法学的印象，激发了同学们学习宪法学的热情。

（二）成绩评析

针对期末考试，是采用新时代宪法学课程构建之下的新编试题。新编试题在保障基础性之上，又灵活参照法考法硕等相关试题，对试卷重新排版，设计新题型，新编试题原创率达90%以上。新编试卷题型新颖，既兼顾基础知识，又紧跟法考法硕潮流。相比旧试卷题型单一较为枯燥的特点，新试卷相对较为灵活，形式多样，并且难易程度适当。

通过对新编试卷的考核，同学们的成绩比照新式课堂之前的成绩均有所提升。在此以我校 2020 级 158 名学生的期末考试成绩为例。我校 2020 级法学专业分为两个班级，法学一班 60 名学生平均成绩 76.37 分，法学二班 98 名学生平均成绩 76.76 分。两个班平均成绩都达到了 76 分左右，相比旧式课堂的平均成绩有很大提升。

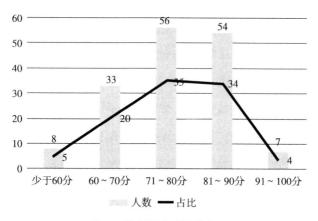

图 1　课程期末成绩分布图

如图所示，是对法学专业 2020 级共 158 人的成绩分析。其中60 分以下的有 8 人，占比 5%。60~70 分段有 33 人，占比 20%。71~80 分段 56 人，占比 35%。81~90 分段有 54 人，占比 34%。91~100 分段 7 人，占比 4%。该宪法学课程期末成绩分布图是结合两个班级的数据来分析，从图中可以看出，大部分的学生成绩集中在 71~80 分段和 81~90 分段，有将近 70%的人成绩在 71~90 之间。基于以上数据可以看出，新时代宪法学课程的成效是显著的，虽然成绩只是参照的一方面，但是从这样高分的比例中也不难看出，大多数学生对宪法产生了兴趣，充分地掌握了宪法知识。这作为初步实验阶段的成果，已经达到了相对较为可观的预期效果。

（三）学生反馈

以下是在与同学们访谈中得到的不同反馈，

同学 1："宪法的学习让我对法律学习有了一定的基础，提高了我对法学的兴趣。"

同学 2："老师的宪法教学算是对我法学学科入门的启蒙课程，丰富生动的案例给我在法学学习上提供了很多动力。"

同学 3："头脑中会有一个比较基础的法律体系，这对于后续法学科目的学习有一个框架和指导。"

同学 4："宪法课在大一的时候给我们搭建了一个较为全面的框架，也许因为它是母法的原因，在很多学科中，都能够联想到宪法，用宪法思维去思考某些问题，也可以细化到一部部门法它的制定主体是谁，这种问题在宪法中都有了解，是一种伏笔式的支撑吧。"

同学 5："宪法是根本法，可以帮助理解学习其他学科的一些基本原则，是刚刚开始接触法学、建立法学体系的基础和基石，任何法律都不得抵触宪法，从很多基本法中都可以牵引出一些宪法知识，比如可以用宪法知识来理解为什么基本法要这么规定，为什么要保护某些权利承担某些义务等。"

……

通过上述一些学生对宪法学课程的看法可以发现，学生们已经初步具备了法律思维，对宪法的学习和法学的学习形成了知识体系和整体框架，同时也感受到了宪法本身所具有的作用以及延伸到其他科目上的作用。这也正达到了我们教授学生知识，启发学生思维的目的。从目前的效果来看，新时代宪法学课程的构建在教学实践中有生存的土壤，这也得到一部分老师与同学的认可。目前对宪法学课程的改革还在实验阶段，对于新时代宪法学课程的构建还有待进一步的充实与完善。

五、结语

康德认为人生来不好也不坏，并非生来就有道德。洛克认为人的心灵就像一块"白板"，没有任何痕迹，也不会因为强化训练而获得更多的能力[1]。笔者综合对两种观点的学习得出一些个人见解，人本无善恶，就像一张白纸，画一些美丽的事物就觉得很美好，随意的乱画就觉得玷污了纸张。可往往很多时候，在纯洁的白纸上，画不出美丽的事物，在教育的过程中摸着石头过河，像做科学实验一样有成功的时候，也有失败的时候。这些笔画在纯洁的纸上划过了，就再也擦不掉了。因此对于一个国家的教育来说，至关重要的就是完善教育体制，建设科学合理的教学体系，净化教育环境，使其在白纸上画出美丽的画卷。就宪法学课程建设来说，既要顺应新时代的需要，又要结合科学的教育方法，用合理有效的方式去引导学生们走正确的道路，为推进全面依法治国提供更优质的人才，为社会培养出维护正义的使者。笔者认为，学习正确的教育方式方法是一个值得每个人深究，值得每个人学习的理论和技能，只有学习正确的教育方式方法才能让纯洁的白纸发挥它应有的作用，这一点很重要。

---

〔1〕 ［法］加布里埃尔·孔佩雷：《教育学史》，张瑜、王强译，山东教育出版社2013 年版，第 147~250 页。

辩论式教学在大学课堂中的实践和规则研究[*]

辩论式教学在大学课堂中的实践和规则研究[*]

冯军旗[**]

摘　要： 辩论式教学是把辩论应用于教育教学的方法，其具有鲜明的实践性、多样性和开放性特征，但在国内高校还处在探索阶段。辩论式教学要以教学内容和教学任务为中心，以学生为主体，以教师为主导，并与讲授法等教学方法有机结合，以构建立体的大学教学方法体系。在信息化时代的背景下，辩论式教学在促进学生学习，提高学生的表达和辩论能力，培养学生多角度多层次看待问题等方面，具有明显的优势。教育部门和高校应提倡和推广辩论式教学方法。

关键词： 信息化　讲授法　辩论法　辩论式教学

---

[*]　本文系中国政法大学校级教育教学改革项目"辩论式教学在大学课堂中的应用和实践"的阶段性成果。

[**]　冯军旗，北京大学社会学博士，中国政法大学政治与公共管理学院副教授。

"课比天大"，课堂教学是大学教育的重要环节，在高校人才培养中具有基础性地位。大学课堂教学是教学内容、方法和技术的有机统一，这其中，教学方法是大学课堂教学的重要方面，直接影响到了课堂教学的开展和实施。正是由于教学方法的重要性，各级教育部门和很多高校都积极倡导教学方法改革，鼓励教师大胆地进行创新和试验，以不断丰富和完善大学教学方法体系。早在春秋战国时期，孟子就提出"教亦多术"的思想，强调对不同的学生采用不同的教法。作为教育主管部门，教育部也在《关于全面提高高等教育质量的若干意见》的文件中，明确提出在人才培养中要创新教育教学方法，倡导启发式、探究式、讨论式和参与式教学。因此，作为一个开放的体系，大学教学方法也要随着社会和技术的发展而不断进步。

辩论式教学是把辩论应用于教育教学的方法，在国内高校还处于探索阶段。辩论式教学的核心问题是如何在大学课堂上开展辩论式教学？辩论如何和教学有机结合？作为一种教学方法，如何做到"课课有辩论"，使得辩论式教学成为一种经济、灵活、高效而又日常的教学形式？这都是需要在实践探索中才能解决的问题。

一、大学教学所处的时代方位和面临的问题

当前的大学教学处在信息化的时代方位，具有深刻的"信息化、多样化和全球化"特点。教学信息化主要体现是"互联网+"、大数据、人工智能等技术和资源在教学中的应用，是教学系统性变革的内生力量，是教学现代化的基本内涵和显著特征。教育信息化的本质是开放、平等、协作、共享，"我们正处在教与学的全球性变革之巅。全世界教育工作者在因特网上开发出大量的教育资源，这些资源向任何人开放并供他们免费使用。"[1]教学多样化主要体现是教学方法、手段和教学形式的丰富、复杂和创新，是学生多样性和学习目的的多样性在教学上的体现，"承认学生的多样性，理解不同学生是如何学习的，是教师将要面临的最重要的挑战之一。"[2] 教学全球化主要体现在教学内容、方法和技术以及教学资源在全球范围内的流通和共享，各个国家的高等教育紧密联系在一起，从而深刻改变了大学的教学方式和格局。对此，联合国教科文组织在关于高等教育发展趋势的报告中指出："可以认为，近些年高等教育发展的程度至少可以与 19 世纪研究型大学在德国出现并扩展到其他国家，最后根本性地重塑世界范围内大学本质的这一进程相提并论。而 20 世纪后期与 21 世纪初期之交的大学变革更为广泛，是真正全球性的，其影响波及更多的高校和更大的人口规模。"[3] 教学的信息化、多样化和全球化的互相影响和叠加，对教学的方法体系提出了更高的要求，使得教学方法必须与时俱进，以适应新的时代方位要求。

教育的任务和目的是服务。现阶段，我国高等教育承担着培养高级专门人才、发展科学技术文化和促进社会主义现代化建设的重大任务。高等教育牢固确立人才培养的中心地位，把促进人的全面发展和适应社会需要作为衡量人才培养水平的根本标准。他山之石，可以攻玉。美国的高等教育也把人才培养确定为基本

〔1〕 ［美］柯蒂斯·J. 邦克：《世界是开放的：网络技术如何变革教育》，焦建利主译，华东师范大学出版社 2011 年版，第 38~39 页。
〔2〕 ［美］理查德·I. 阿伦兹：《学会教学》（第 9 版），丛立新等译，中国人民大学出版社 2016 年版，第 8 页。
〔3〕 ［澳］约翰·比格斯等：《卓越的大学教学：建构教与学的一致性》，王颖等译，复旦大学出版社 2015 年版，第 3 页。

任务。哈佛大学校长博克认为大学应让学生在成长的关键时期，养成一些极为重要的素养，并把大学教育的任务和目标概括为：表达能力；批判性思维能力；道德推理能力；公民意识；适应多元文化的素养；全球化素养；广泛的兴趣；为就业做准备等。[1] 高等教育具有教学、科研和社会服务等多种职能，人才培养的多样性和教育目标的多方面性，使得大学的教学方法必须丰富和多元，并且要不断发展，才能更好地为大学教育的任务和目的服务。

显然，大学教学所处的时代方位，教育目标的多重性以及高校人才培养的多样性，都要求大学的教学方法和手段是一个多层级多方面的立体体系。但是，根据多项教育调查，我国大学课堂最常用和最主要的教学方法仍然是讲授法，这也是最具有历史传统和实践基础的教学方法。但这并不仅仅是我国大学教学的现状，在高等教育比较发达的美国，大学课堂教学也是以讲授法为主，"一项针对各类大学共 1800 位教师的调查发现，73% 至 83% 的教师仍然在采用填鸭式讲座的教学方法。"[2] 重教学内容，轻教学方法，这是包括中国在内的多个国家的高等教育现状，对此的合理解释是：讲授法是大学教师最熟悉的教学方法，也是一种经济、灵活和高效的教学方法。但正如哈佛大学校长艾利奥特所说：填鸭式传授知识就好像奋力把水撒到筛网里，即便水的质量

---

[1] ［美］德雷克·博克：《回归大学之道：对美国大学本科教育的反思与展望》（第 2 版），侯定凯等译，华东师范大学出版社 2012 年版，第 81 页，第 83 页，第 46 页。

[2] ［美］德雷克·博克：《回归大学之道：对美国大学本科教育的反思与展望》（第 2 版），侯定凯等译，华东师范大学出版社 2012 年版，第 83 页，第 46 页。

再好，还是哗哗溜走了。[1] 而教育学界较为公认的人类学习规律之一就是："当人采取以教师为中心的方式学习主要的教材内容，即当他们被动地听课时，学习效果较差；相反，当他们积极参与活动时，学习能力就较强。"[2] 所以，如何构建以学生为中心，以教师为主导的现代教学方法体系，是重要的现实课题。同时，由于现在大学教学排课采用连排方式，如果全部采用讲授法，教师往往口干舌燥，疲惫不堪，长久下去，容易留下健康隐患。

在信息化时代，当前的大学生可以称之为"手机一代""电脑一代"和"网络一代"，新的技术在给学生的学习带来很多便利的同时，也给大学课堂教学带来了严峻的挑战。很多大学教师会发现，自己辛苦备课和认真讲授的结果是，课堂气氛非常沉闷，很多学生成为"低头一族"，忙着看手机，发微信，或者在电脑网络上冲浪。在一些大班课堂上，甚至有一些学生在睡觉、打游戏。在教师和手机电脑之间，学生很轻易地就被手机电脑俘获过去。所以，如何在课堂上与手机、电脑和网络等现代通信工具来争夺学生的注意力，使得学生从手机电脑中解放出来，这一教学方法的改进是大学教师必须面对的严重现实问题。

二、辩论式教学的应用和实践

中国政法大学是一所以法学为优势和特色的法科强校，是国

---

[1] [美] 德雷克·博克：《回归大学之道：对美国大学本科教育的反思与展望》（第 2 版），侯定凯等译，华东师范大学出版社 2012 年版，第 81 页，第 83 页，第 46 页。

[2] [美] 琳达·B. 尼尔森：《最佳教学模式的选择与过程控制》（第 3 版），魏建华等译，华南理工大学出版社 2014 年版，第 4 页。

家法学教育和法治人才培养的主力军，学校的目标是培养具有厚基础、宽口径、高素质、强能力的复合型、应用型、创新型、国际型的高素质专业人才。辩论是法大教育教学和校园文化的重要组成部分。中国政法大学辩论队自 2002 年成立以来，筚路蓝缕，风雨同舟，探寻真理，兼济天下，在国内外多个辩论大赛中获得奖项和名次。法大校园常年举办模拟法庭辩论、"论衡"辩论赛和"法辩"国际大学生华语辩论公开赛等，对学生经常进行饱和性的高强度专业训练。在法大校园，有"一个辩论队等于十个社团"的说法。可以说，辩论在法大的教学科研和人才培养中都发挥了很大作用。

在授课之余，一个偶然的机会，笔者成为学校辩论队的指导教师。在指导学生参加辩论的过程中，加上课堂教学遇到的迷惑和困境，笔者萌生了把辩论和教学相结合，把辩论引入课堂教学的想法。为此，笔者做了多方面的准备工作：一是参阅国内外的各种辩论图书和文献资料，对辩论的形成、组织、规则、实施和评判等有了基本的了解。二是观摩国内外的各种辩论比赛，特别是国际大专辩论赛、全国大专辩论赛和世界华语辩论锦标赛等，了解辩论赛的实际情况以及辩手的实战情况等。三是阅读大学教育和教学方法的图书和文献资料，了解国内外高等教育和教学方法的发展现状和前沿问题等。

在做了充分的准备和调研之后，笔者在本科必修课《当代中国政府与政治》、本科选修课《影像政治学》、《干部与中国政治》以及学校 MPA 必修课《当代中国干部与人事》等课程中全面采用辩论式教学方法。从学界的实践和研究成果来看，虽然也有一些大学采用了辩论式教学方法，但在教学中往往是简单照搬辩论赛的形式，规则比较繁琐，在整个学期中只是部分课时采用辩论方法，没有把辩论和教学有机结合，也没有让全体同学都参与辩论。而笔者采用辩论式教学的着眼点则是把辩论和课程有机结合，形成一个全体同学都能参与的，并且贯穿整个学期的日常教学形式，并且还要经济、灵活和高效，以有利于这种教学方法的应用和推广。

必须明确的是，辩论式教学是教学而不是辩论赛，它是一种教学方法，是为教学服务的。该种教学方式要成为一种日常的、全体同学参与的教学形式，就要简化规则，灵活借鉴。笔者的做法是：根据教学大纲，提前一周把辩论题目布置下去，让同学围绕辩论题目收集材料，为辩论做准备，把全部同学根据人数分组，一般每组6~8人，一般不要超过10人，每组选一名同学陈述己方主要观点和证据，然后就进入自由辩论阶段，最后每组选择一位同学总结陈词，然后教师对辩论进行总结和点评。每次课一般两组参与，然后每组轮流顺次参与；每次上课都采用辩论式教学，一般以一个课时45分钟为宜。为了和讲授式教学方法相对比，在一些课中，笔者还有意在部分课时全部采用讲授法，部分课时采用辩论法，以对比考察不同教学方法的优劣和长短。

从整个学期的实践以及学生的反馈和对教学的评价来看，辩论式教学的引入和应用取得了较好的效果。其成效是多方面的：增强了学生的自主学习能力以及获取系统性知识的能力；把学生从手机和电脑中争夺了过来；课堂气氛整体比较生动活泼；培养了学生的口头表达能力和辩论能力；培养了学生的团队意识和合作精神。在辩论过程中，由于思想观点不断碰撞，一些学生的即时表现非常出彩，时常让人有意外之喜。同时，从学生的期末教学评价来看，对于课程的满意度较高，对教师的教学评分也较高。不少学生觉得耳目一新，认为是很生动有趣的课堂体验。

三、辩论式教学的规则和要求

辩论式教学具有鲜明的实践性、多样性和开放性。从学界对辩论式教学的实践和研究来看，基本还处于初级阶段，不少教师都根据自己的实际情况，引入不同的辩论赛方式，比如奥瑞冈赛制、新加坡赛制、英国议会制和美国议会制等，并大多在实践的基础上进行变通和创新，从而不断丰富完善辩论式教学的方法体系。从国内辩论式教学的现状来看，多样性为其显著特征，在多样性基础上的统一性则远远没有实现和完成。这主要是由于辩论式教学还处于探索阶段，其成熟度和源远流长的讲授式教学相比，还差距甚大。但目前这种开放性恰好是辩论式教学在其成长期所需要的，所以，对于辩论式教学来说，行胜于言，关键是要不断地试验和实践。一如各种辩论规则有很长的形成期一样，辩论式教学的规则也需要较长时间的形成期，需要高校一线教师的长期努力。没有规矩不成方圆，对于辩论式教学，笔者认为总结出一些规则和共识是很重要的，它们有利于辩论式教学的应用和普及。

辩论式教学要以教学目的和教学内容为中心。方法是为目的服务的，辩论式教学作为一种方法，要围绕课程设置目的、教学大纲、教材等来展开，这方面的主要体现就是课堂辩论题目的提出和选择。课堂辩论的辩题，要来自课堂教学内容，一般以教学内容中的重点、难点和疑点问题为主[1]。辩题要只有一个中心

---

[1] 李瑛：《谈辩论在国际法教学中的运用》，载《公安教育》2007 年第 3 期。

思想，简洁清晰明确，旗帜鲜明，不能模棱两可；辩题要有代表性和典型性，值得辩论，可以辩论，要给辩论双方同等的证据和推理机会；辩题要与现实问题和热点问题有关[1]，具有一定的深度和广度，不能太浅，也不能太难，以引起同学们的兴趣；辩题要具有逻辑性、公正性和对抗性，以引起辩论和交锋。正是在上述思想指导下，在本科必修课《当代中国政府与政治》中的《中央与地方关系》一章，笔者给学生出的辩题是：实行分税制政策是利大于弊/弊大于利。在《基层治理》一章中，笔者给学生出的辩题是：家族是基层治理中的有利因素/不利因素。从教学过程和结果来看，这些辩题都取得了较好的效果。

辩论法要与讲授法等教学方法相结合。亚里士多德说，教学是最高形式的理解。从古至今，讲授法都因其经济、灵活和高效等优点，成为教育教学的主流方法，中外皆然。讲授法的突出特点是能够运用到所有的学科和所有的年级教学中，"经验丰富的教师都知道讲解是一个有效的方法，它可以帮助学生掌握社会认为他们应该掌握的大量重要知识。"[2] 但需要明确的是，大学教学离开讲授法是无法进行的，但仅运用讲授法也是不够的。因此，大学教育教学改革的正确做法不是抛弃讲授法，而是在其基础上发展完善。实际上，理想的大学教学应该以讲授法为基础，充分利用启发式、探究式、讨论式、参与式、案例式和辩论式教学等方法，以构建大学教学方法的立体体系。信息化时代的大学教师，"需要远离陈旧的、广播式的教学法（例如讲授和灌输）

<hr/>

〔1〕　陈慧珍：《辩论在哲学教学中的实践》，载《教师教育学报》2017年第3期。
〔2〕　［美］理查德·I. 阿伦兹：《学会教学》（第9版），丛立新等译，中国人民大学出版社2016年版，第8页。

而向以学生为中心、多个模式融合的教学法过渡。"[1] 中国政法大学一般三个课时连排，在这种安排下，笔者一般第一课时主要应用讲授法，把本章的主要内容和重点难点讲授一遍。第二课时则应用辩论法，就提前一周布置下去的辩论题目进行课堂辩论。第三课时，则根据情况，综合运用讲授法、案例法、讨论法和小组展示法等教学方法。所以，辩论法要取得好的课堂效果，必须和讲授法等教学方法相结合，互相强化补充，这样才能不断深入。

辩论式教学要以教师为主导，学生为主体。以教师为主导，主要体现在：教师要确定好辩题，指导学生学习辩论知识和技术，演示观摩国内外辩论赛；指导学生如何收集证据和材料，如何形成并论证己方的观点和反驳对方的观点。在整个课堂辩论过程中，教师都要发挥主导作用，要调节好气氛，沉闷时要激活，过于热烈时则要降温，要避免学生的意气之争和情绪波动。引导学生围绕辩论主题展开辩论，引导学生摆事实，讲道理，辩论要体现出相关性和逻辑性，并对辩论进行评价和总结。以学生为主体，主要体现在：课堂辩论要全体学生参加，一个都不能少，如果一次无法全部参加，则进行分组，顺次轮流参加，保证整个学期每位同学都有多次辩论机会。学生要根据教材和辩题，发挥主观能动性，积极主动查找文献资料，形成辩论观点、思路和策略，完成辩论准备工作。学生要自我分组，自我管理，协调确定小组内部的角色分工和各自的职责。课堂辩论要以学生为主角，充分发挥学生的主动性和积极性，让学生动脑动口。

课堂辩论要纳入学生的成绩评价体系。为了提高辩论式教学

---

[1] [美] 理查德·I. 阿伦兹：《学会教学》（第 9 版），丛立新等译，中国人民大学出版社 2016 年版，第 40 页，第 256 页，第 8 页。

的效果，更好地激发学生参与的积极性，学生课堂辩论的表现必须纳入课程成绩评价体系。由于辩论式教学成为日常教学形式，贯穿了整个学期，学生也投入了很多时间和精力，所以，课堂辩论必须占据相当的成绩权重，一般以占总成绩的 30%～50% 为宜。同时，要确定好评价标准，并在开学之初就向学生公布。每次课堂辩论结束后，要对参与辩论的学生当堂打分。由于需要对每个学生打分，因此，课堂辩论更看重的是个体表现，一般从辩论内容、策略和风格三个方面给学生打分，也可以采用更加细致的评分标准，比如逻辑思辨、辩论技巧、语言表达、风格气质、团体配合等。总之，课堂辩论要侧重于培养学生的能力和素质，要以此为目的来对学生进行评判。

辩论要与教学有机结合。辩论式教学的显著特点就是开放性和探索性，教师要积极实践和创新，围绕着辩论和教学的有机结合，不断丰富和完善辩论式教学的规则、内容和形式。可以根据学生的层次和班级人数，灵活采用英国议会制、美国议会制、奥瑞冈制、新加坡制或澳亚制。但无论采用哪种赛制，都不能把这些赛制简单照搬到课堂，而是应该根据课程情况加以改造，参考借鉴，为我所用。同时，无论采用哪种赛制，都应该充分利用自由辩论这一有力武器，课堂辩论的大部分时间都要交给自由辩论，让学生尽可能地口枪舌箭，你来我往，充分表现，这样才能更好地提高课堂效果，才能更好地激发学生的积极性和参与性。

四、辩论式教学的价值和意义

辩论式教学在中国和西方都有源远流长的历史和传统。早在春秋战国时期，墨子就提出：夫辩者，将以明是非之分，审治乱之纪，明同异之处，察名实之理，处利害，决嫌疑。[1] 齐国著名的高等学府稷下学宫，实行"不任职而论国事""无官守，无言责"的方针，百家争鸣，策士横议，辩风甚炽，成为辩论式教学的典范。当时的"王霸之辩""义利之辩""天人之辩""人性善恶之辩"等在中国历史上留下了深远的影响。中国历史上的书院也开展辩论式教学，南宋著名的鹅湖之会，朱熹和陆九龄、陆九渊兄弟辩论的中心议题就是"教人之法"，朱熹主张道问学，强调格物致知，欲令人泛观博览而后归之约；陆氏兄弟则主张尊德性，强调心即是理，欲先发明人之本心，而后使之博览。[2] 鹅湖之辨不仅是教学方法的不同，还有着认识本体的分歧。在古希腊罗马时期，辩论之风更是弥漫于各个阶层，在当时的教育中，辩论是重要的内容。宣称"人是万物的尺度"的智者学派就是以传授雄辩术为业的职业教师，这个学派将通过说服而能影响和控制人的辩论学奉为最高智慧，创办了辩论赛并被称为"辩论之父"的普罗泰哥拉就是其中的代表，他们被称为靠舌头过活的人。苏格拉底则到处找人辩论，并创立了"苏格拉底"谈话教学法。柏拉图认为辩论是"用论据赢得人心的一种普遍性艺术"，其创办的雅典学院的重要职能就是培养辩论家。亚里士多德是辩论术大师，总结了辩论术的理论和功能，并提出辩论是一种教育公众的方法。西塞罗是古罗马著名的雄辩家，著有《雄辩术》一书，他认为教育的最高目的是培养有文化修养的雄辩家，而雄辩家必须是知识渊博的人，并认为只有好的雄辩家才能成为好的政

---

〔1〕 （清）毕沅校注：《墨子》，吴旭民校点，上海古籍出版社 2014 年版，第 213 页。

〔2〕 （清）黄宗羲、（清）全祖望补修：《宋元学案》（第 3 册），陈金生，梁运华点校，中华书局 1986 年版，第 1885~1886 页。

治家。昆体良是继西塞罗之后的著名雄辩家和教育家，著有《雄辩术原理》一书，这是其多年教学经验的总结，被认为是西方第一本探讨教学方法的著作，他认为教育应该以培养雄辩家为宗旨。总之，从中国和西方来看，辩论对于思想史上轴心时代的形成至关重要，可以说是起到了举足轻重的作用，而辩论式教学也是当时极其重要的教学方法。

但是从轴心时代之后，辩论在中国和西方文明的演进中却有不同的命运，中国走上了重文章和背诵的道路，西方走上了重辩论和演讲的道路。[1] 这两种不同的道路渗透和体现在了两种文明的方方面面，包括政治、经济、文化和社会等。中国从秦朝开始建立大一统的郡县制王朝帝国，经过汉朝的"罢黜百家、独尊儒术"，隋唐的科举制，中国逐渐走上了重视笔试和写作的道路，"唐代以后，中国人没有在任何的面试和辩论上面做出什么贡献。……公元 10 世纪以后，演讲在中国文化传统中失去了它的重要性。……中国学者从宋代以后，已经不再重视举办大型的演讲，更不重视雄辩的技巧。"[2] 中国文化传统强调一致性和统一性，强调人际关系的和谐，"中国人毋宁说是一个不断要避免正面冲突的民族，他们尤其不喜欢在口头上产生冲突，也因此口试及辩论就不是他们做学问的长处。"[3] 而西方，无论是在希腊罗马时期，还是中世纪以及近代的大学，辩论和演讲一直都是教育的重要科目，并且一以贯之，连绵不绝，并延续到现当代。可以

〔1〕 郑也夫：《文明是副产品》，中信出版社 2015 年版。

〔2〕 ［美］李弘祺：《中国科举考试及其近代解释五论》，载刘海峰主编：《科举制的终结与科举学的兴起》，华中师范大学出版社 2006 年版，第 9 页。

〔3〕 ［美］李弘祺：《中国科举考试及其近代解释五论》，载刘海峰主编：《科举制的终结与科举学的兴起》，华中师范大学出版社 2006 年版，第 9 页。

说，西方文明中的很多制度、理念和思想都是辩论和演讲的产物。近代中国国门大开之后，现代辩论赛事引入中国，特别是改革开放以来，各种形式的辩论赛事风生水起。但是，同西方国家相比，辩论在社会和大学的普及性还远远不够，辩论式教学在高等教育中还处于初级探索阶段，就是很好的证明。所以，在高校中大力普及和推广辩论式教学，对于中西融汇，古今贯通，培养人才，再造文明，都具有重大的意义。此外，辩论式教学还具有一些比较具体的作用和价值。

课堂辩论能增强学生的学习动机，提高学生的自学能力，有利于他们形成系统性的知识体系。在信息化时代，学生不仅要学习知识，更要掌握学习知识的方法和路径，"在大数据时代，阅读、搜索和辨别真伪是未来教育的重点。"[1] 为了在课堂上打好辩论，学生不仅在课前需要花费相当的时间和精力来查找文献，寻找证据，梳理辩驳的逻辑和思路，而且必须通过大数据深挖知识，并且围绕辩题形成系统性的深度知识体系，这样才有可能在课堂辩论中出彩取胜。可以说，"辩论作为一种训练方法，提供了最好的学习动机。"[2] 辩论也是掌握知识的重要方法和学术探究的工具，"对许多学生来说，辩论是他们首次，并且经常是他们跨学科研究的最深入细致和最宝贵的经验"。[3]

课堂辩论提高了学生表达、演讲和辩论的能力。大学教育的目的之一就是提高学生的语言能力，"培养本科生准确、清晰、

---

〔1〕 魏忠：《教育正悄悄发生一场革命》，华东师范大学出版社 2014 年版，第 199 页。

〔2〕 ［美］奥斯丁·J. 弗里莱：《辩论与论辩》，李建强等译，河北大学出版社 1996 年版，第 27~28 页，第 34 页，第 8 页。

〔3〕 ［美］奥斯丁·J. 弗里莱：《辩论与论辩》，李建强等译，河北大学出版社 1996 年版，第 29 页。

优美的口头和文字表达能力是大学义不容辞的责任"。[1] 作为一门说服的艺术，课堂辩论既解决了学生不能说不敢说的问题，也解决了学生说什么如何说的问题。"辩论提供给学生一个在特定条件下应用论争理论的无与伦比的机会"[2]，辩论的激烈性和对抗性逼迫学生要学会清晰、简洁地表达己方的观点和证据，并学会如何深入浅出，快速流畅地表达复杂的思想。对于中国政法大学来说，其教育目的就是培养高素质的政法人才和公务员，包括法官、检察官和律师等。显然，课堂辩论所锻炼的表达和辩论能力，对于他们未来的职业发展是非常重要的。

课堂辩论培养学生多角度多层次辩证地看待问题。课堂辩论不仅是语言的交锋，更是观点和思想的碰撞和交流。知己知彼，百战不殆，要想在课堂辩论中取胜，不仅要多角度多层次地考虑辩题，也要对对方的逻辑、思路和证据全面了解，才能运筹帷幄，攻防自如。"教学性辩论提供给学生们一个考虑重大问题的机会——多向思维环境。他们学习从许多方面看待问题。"[3] 辩论是辩证法的源头之一，也提供了认识中国复杂国情和重大问题的机会，"当代重大问题的唯一令人满意的决策方法就是辩论"[4]，"被争论的牙齿所咀嚼过的，没有一样不是完善的"[5]。

〔1〕 ［美］德雷克·博克：《回归大学之道：对美国大学本科教育的反思与展望》（第2版），侯定凯等译，华东师范大学出版社2012年版，第45~52页，第81页，第83页，第46页。

〔2〕 ［美］奥斯丁·J.弗里莱：《辩论与论辩》，李建强等译，河北大学出版社1996年版，第27~28页。

〔3〕 ［美］奥斯丁·J.弗里莱：《辩论与论辩》，李建强等译，河北大学出版社1996年版，第34页。

〔4〕 ［美］奥斯丁·J.弗里莱：《辩论与论辩》，李建强等译，河北大学出版社1996年版，第8页。

〔5〕 滕大春主编：《外国教育通史》（第2卷），山东教育出版社1989年版，第140页。

在"家族是基层治理中的有利因素/不利因素"课堂辩论中，经过双方激烈的辩论，正方认为：家族通过血缘纽带发挥调解功能；家族提供保障救济功能；家族发挥教育和培养功能；家族发挥自治和监督功能；家族提供保护功能；家族传承优秀传统文化，等等。反方认为：家族势力影响基层政权稳定；家族势力黑恶化；家族拉票贿选；家族对资源的掠夺；家族霸蛮欺凌；家族械斗；家族的封建性、宗法性、落后性和封闭性，等等。通过辩论，同学们认识到家族是基层治理中无法回避的客观存在，关键是如何发挥其有利因素，抑制其不利因素。同时，通过辩论，同学们也认识到了乡村治理的复杂性。

此外，课堂辩论还有利于培养学生的团体精神和合作意识，有利于锻炼学生的反应能力和分析能力，有利于培养学生的批判性思维和创新能力，有利于培养学生透明、包容、民主、自由的理念和作风，"只有在磋商、异议和辩论的铁砧上，才能锻锤出自由。"[1] 课堂辩论是高校培养人才的重要途径和基石。

谁改变了教育，谁就改变了人。教育的根本问题是人的培养问题，是为什么教、如何教、教什么的统一体。在教学的链条中，教学方法处于枢纽地位，直接关系到教学目的和教学内容能否实现。在教学目的和教学内容确定之后，教学方法就是决定性因素。从教学上来说，无论哪个层次的学生，辩论都是非常有效的教学方法。但从国内大学教育的实际来看，辩论式教学还处于初级探索阶段，要在大学教学方法中占有一席之地，还有很长的路要走。鉴于辩论式教学的优点和长处，各级教育部门和高校，

---

〔1〕 ［澳］雷·德克鲁兹编：《辩论守则——澳亚辩论手册（中英文对照本）》（第2版），汤萌译，广西师范大学出版社2013年版，译者序。

应该积极倡导和推广辩论式教学，在项目、经费和人才等方面给以扶持。高等教育界也应该加强辩论式教学的应用和研究，就辩论式教学的组织、过程、规则、技术要素和利弊得失等，进行研讨。水本无华，相荡乃生涟漪；石本无火，相击乃发灵光。相信经过各方面的努力，辩论式教学一定会成为高校教学方法体系中非常重要的一员，并在高校人才培养等方面结出累累果实。

论线上一流课程建设的基本路径

——以刑法学课程为例[*]

◎李艳玲[**]

摘 要：教育部和各省市教育主管部门公布了国家级和省级一流课程建设名单，其中包括线上一流课程认定情况。名单的公布也暴露出立项建设仓促、线上课程数量不足、部分课程质量不高、重形式轻内容等问题。对此，应当加强线上一流课程教材建设，从传统平面化教材走向立体化教材；创新教学模式和教学方法，注入"后现代课程观"，实行刑法学微课化，开展互动式、启发式、探究式教学；建设高水平师资队伍，提升教师的国际化水平和思想政治素质；转变教学管理思想，树立"以人为本"现代教学管理的新理念，提高教学管理的

---

[*] 本文系北京城市学院 2018 年度教学科学研究课题"《刑法 2》混合式课程改革与实践"（编号：JYB20180715）项目研究成果。

[**] 李艳玲，法学博士，北京城市学院副教授，硕士生导师。

制度化、标准化水平，完善教学管理配套措施，实现线上教学管理的规范化。此外，刑法学线上一流课程建设还需要做好线上课程与线下课程的衔接与互动。

关键词： 线上一流课程　基本路径　刑法学

大学的本质在于"教授高深学问，养成硕学闳材"。[1] 课程是人才培养的核心要素，课程质量直接决定人才培养质量。大学课程建设则是探索传授高深学问，造就上乘英才的主要抓手。2019 年 10 月，教育部发布了《关于一流本科课程建设的实施意见》，提出全面开展一流本科课程建设任务，并确立一流本科课程建设的"双万计划"，即经过三年左右时间，建成万门左右国家级和万门左右省级一流本科课程，其中包括 4000 门左右国家级线上一流课程（国家精品在线开放课程）。[2] 线上教育是运用互联网、人工智能等现代信息技术进行教与学互动的新型教育方式，是教育服务的重要组成部分。[3] 目前，互联网已成为人们生活不可或缺的一部分，学生的学习过程"至少有一部分是通过在线进行的"，[4] 而大学的课程建设和教学方式方法必须适应这一形势和要求。刑法学是一门理论性很强的法学基础课程，如何将之从传统的课堂教学搬到线上是课程建设必须面对的问题。本文针对当前我国线上一流课程建设的情况，结合刑法学课程的特

---

〔1〕　高平叔编：《蔡元培教育论著选》，人民教育出版社 1991 版，第 25 页。

〔2〕　参见"教育部关于一流本科课程建设的实施意见（教高〔2019〕8 号）"，载《中华人民共和国教育部公报》2019 年第 10 期。

〔3〕　参见"教育部等十一部门关于促进在线教育健康发展的指导意见（教发〔2019〕11 号）"，载《中华人民共和国教育部公报》2019 年第 9 期。

〔4〕　Michael B. Horn & Heather Staker, *Blended: Using Disruptive Innovation to Improve Schools*, Published by Jossey-Bass, 2014, p. 35.

点，尝试提出线上一流课程建设的初步设想，从而为国家一流课程建设做有益探索。

一、线上一流课程建设现状

线上课程通常被称为"精品慕课"，面向高校和社会学习者开放。2020 年 11 月，教育部公布了首批国家级一流本科课程认定结果，共有 5118 门课程被认定为首批国家级一流本科课程（含原 2017 年、2018 年国家精品在线开放课程和国家虚拟仿真实验教学项目，共 1559 门课程），其中，线上一流课程 1875 门。[1] 据权威媒体报道，此次推出的国家级一流本科课程具有质量高、类型多样、参与范围广和示范效应强等显著特点，课程来自国内 639 所本科院校，包括港澳地区高校，覆盖所有本科专业类，一大批两院院士、资深教授参与到一流课程。[2]

为落实教育部一流本科课程建设的精神，各省市教育主管部门也相继公布了各省级一流本科课程的认定结果。如 2020 年 5 月，河南省教育厅公布了首批河南省一流本科课程名单，认定省级一流本科课程 590 门，其中线上一流本科课程 52 门。[3] 2020 年 12 月，广东省教育厅公布了 2020 年度一流本科课程名单，认定一流本科课程 651 门，其中线上一流本科课程 78 门。[4] 2020

---

〔1〕 参见《教育部关于公布首批国家级一流本科课程认定结果的通知》（教高函〔2020〕8 号）。

〔2〕 参见《首批国家级一流本科课程公布，教育部高等教育司负责人答记者问》，载 http://www.moe.gov.cn/jyb_xwfb/s271/202011/t20201130_502519.html，最后访问日期：2021 年 3 月 1 日。

〔3〕 参见《河南省教育厅关于公布首批河南省一流本科课程认定结果的通知》（豫教高〔2020〕193 号）。

〔4〕 参见《广东省教育厅关于公布 2020 年度省级一流本科课程认定结果的通知》（粤教高函〔2020〕16 号）。

年 12 月，福建省教育厅公布了 2020 年省级一流本科课程名单，认定一流本科课程 1043 门（含 2016—2019 年立项建设和培育、2020 年验收认定的 376 门），其中线上一流课程 190 门。[1] 2021 年 1 月，上海市教育局公布了 2020 年度一流本科课程名单，认定一流本科课程 367 门，其中优质在线课程 27 门等。[2] 有数据显示，目前我国慕课数量和应用规模已居世界第一，在各大平台上线课程已达 3.2 万门，获得慕课学分的在校生超过 1.4 亿人次，社会学习者学习浏览量突破 100 亿人次。[3]

在首批认定的国家级一流本科课程中，法学类共 68 门，其中线上一流课程 12 门。在法学类首批国家级一流本科课程中，刑法学专业共有 4 门，其中只有王世洲教授 2017 年申报的国家精品在线开放课程《刑法学总论》属于线上一流课程。该课程是 2015 年 9 月在华文慕课平台发布的课程资源，由北京大学法学院著名刑法学者王世洲教授主讲。本课程的主要目的是简明完整地介绍现代刑法学总论的基本概念、基本理论与基本方法。课程资源除了基本教材、课程大纲及其讲解视频外，还包括参考书目。每节课程后留有课后作业，学生听完课后，可通过课后作业进一步复习巩固相关知识点。目前，线上学习报名人数将近 7500 人，

〔1〕　参见《福建省教育厅关于公布 2020 年省级一流本科课程名单的通知》（闽教高〔2020〕23 号）。

〔2〕　参见《上海市教育委员会关于公布 2020 年度上海高等学校一流本科课程认定结果的通知》（沪教委高〔2021〕5 号）。

〔3〕　参见《首批国家级一流本科课程公布，教育部高等教育司负责人答记者问》，载 http://www.moe.gov.cn/jyb_xwfb/s271/202011/t20201130_502519.html，最后访问日期：2021 年 3 月 1 日。

播放次数 7 万余次。[1]

二、线上一流课程建设存在的问题

随着互联网和多媒体技术的不断革新，线上课程建设成效显著，很多高等院校都开发有在线学习平台和网络课程。如前文所述由王世洲教授主讲《刑法学总论》的在线课程开课平台华文慕课，就是由北京大学与电商巨头阿里巴巴在 2015 年联手打造的一个大型开放式网络课程。不过，当前线上一流课程建设也暴露出一些问题。

首先，课程立项建设略显仓促。教育部推出一流课程建设已有三年（从 2019 年到 2021 年），"双万计划"是一项浩大的系统工程，事关国家高等教育的质量。作为教育教学的指向标，一流课程建设直接影响我国高等教育的发展方向。因此，一流课程建设不仅要做好顶层设计，还要有切实可行的具体建设计划。但据权威资料显示，在首批国家级一流课程建设中，除 2017 年、2018 年原国家精品在线开放课程和虚拟仿真实验教学课程外，有 6700 余个课程团队参与了课程申报推荐，[2] 最终被认定为国家一流课程的有 3559 门。[3] 这意味着超过半数的申报课程被认定为国家级一流课程，申报成功率之高是前所未有的。这显示了国家对

---

〔1〕 截止本文完稿之日，平台数据显示，本课程报名人数是 7493 人，播放次数 7 万次左右，载 http：//www.chinesemooc.org/mooc/4385，最后访问日期：2021 年 3 月 17 日。

〔2〕 参见《首批国家级一流本科课程公布，教育部高等教育司负责人答记者问》，载 http：//www.moe.gov.cn/jyb_xwfb/s271/202011/t20201130_502519.html，最后访问日期：2021 年 3 月 1 日。

〔3〕 首批国家级一流本科课程共 5118 门，包含 1559 门 2017 年、2018 年原国家精品在线开放课程和虚拟仿真实验教学课程。参见《教育部关于公布首批国家级一流本科课程认定结果的通知》（教高函〔2020〕8 号）。

一流课程建设的支持力度，同时也暴露了有关部门为完成 流课程建设任务的急躁心态。

其次，线上课程建设数量不足。从教育部首批公布的国家级一流本科课程建设名单看，线上课程共 1875 门，在五类一流课程中的比例是最高的。但如果减去 1158 门的 2017 和 2018 年原国家精品在线开放课程，线上课程只有 717 门，不到线下课程（1463 门）的一半。从部分省市教育主管部门公布的省级一流本科课程建设名单看，线上课程数量比例更低。如河南省首批一流本科课程中，线上课程只有 52 门，线下课程则有 265 门，线上课程数量不到线下课程的五分之一。再如上海市 2020 年度一流本科课程，优质在线课程只有 27 门，而线下课程则有 112 门，后者的数量是前者的 4 倍多。在部分高等院校培育的一流课程建设中，线上课程更加不受重视。如 2020 年，中国政法大学决定批准建设 43 门一流本科课程候选课程中，线上课程只有 5 门；[1]中国人民大学公布的第一批 33 门一流本科课程中，竟然没有一门线上课程。[2]

再次，部分线上课程质量不高。从线上开放课程总体情况看，课程数量比较大。以刑法学课程为例，在中国大学 MOOC 课程平台上开放的课程就有 22 门。但线上课程质量良莠不齐，有的课程质量较高，有的课程差强人意。如有的课程由著名刑法学教授领衔多人讲授，课程内容带有很大的随机性，很多课程内容

〔1〕 参见《关于批准 2020 年中国政法大学一流本科课程候选课程建设的通知》，载 http://jwc.cupl.edu.cn/info/1061/7032.htm，最后访问日期：2021 年 3 月 1 日。
〔2〕 参见《关于公布中国人民大学一流本科课程第一批建设课程名单的通知》，载 http://jiaowu.ruc.edu.cn/jxyj/tzgg2/1d72e3cd289a498b86c813af9d14e7ae.htm，最后访问日期：2021 年 3 月 1 日。

是根据主讲教师的学术兴趣确定，知识点碎片化，不成体系。有的课程可能是出于学校目标激励的原因，为了课程立项，简单地把传统课堂教学内容录制成教学视频仓促上线，教学内容没有经过严格审查，教学视频后期制作疏于加工优化。有的知识点讲解不够准确，有的则有明显错误，有的课程视频知识点陈旧，没有根据刑法修正案的发布而做相应调整，还有的课程作业题目不严谨，甚至存在错误，即使有学生在留言区指出，也没能及时更正。

最后，线上课程重形式轻内容。按照某校一流课程培训专家的说法，一流本科课程申报和认定非常注重形式要件，申报书中所有形式要件必须满足，否则无法通过评审。就目前线上已有的课程而言，也大都注重课程形式方面的建设，如课程大纲、讲课视频、讨论区、作业、考试等，该有的模块都应有尽有。但是，有的线上平台躺着一些"僵尸课程"，点击相关内容就会发现，有些模块如课程动态，多年来讲课视频没有任何更新。有的课程在课堂互动部分，除了开课初期有一些提问答疑，多年来没有任何互动。如某刑法学课程，2015 年线上开放，课堂互动区显示，最后发帖时间是 2016 年 7 月初，课后做作业提交次数基本上都是 0。再如，某刑法课程，参与线上学习的近万人，但只有 1 条评论。此外，还有个别课程内容不完整，包括课件视频不能涵盖课程大纲的全部知识点，有的课程只有视频课件，其他模块全部缺失。

三、线上一流课程教材建设

教材是实现教育功能的重要工具和媒介，法学教材不仅是法学知识传承的载体，而且是规范教学内容、提高教学质量的关键，对法学教育的发展有着不可估量的作用。[1] 对于初学刑法的学生来说，一部好的刑法学教材，不仅能够准确解读刑法的基本规范，还可以深入阐释刑法的基本逻辑和法理，帮助培养学生明是非、辩善恶的价值观，塑造学生的现代刑法理念。

自 1979 年第一部刑法诞生以来，我国刑法学教材建设发展迅猛。有数据显示，在刑法颁布后的 5 年时间里，刑法教科书就有 65 本。[2] 随着 1997 年刑法的修订，一大批高质量的刑法学教材相继出版，包括一些刑法案例教材。在教材系列上，既有普通高等教育国家级规划教材、高等政法院校法学主干课程教材、自学考试指定教材等，也有一些大学或者出版社自行规划出版的教材。在教材编著形式上，在相当长的一段时间里，刑法学教材基本上都是主编制教材，还有一些是带有权威色彩的"统编教材"。近年来，市面上涌现出一大批个人独著的刑法学教材，质量也比较高。这些风格各异的个性化教材，极大地丰富了读者的阅读范围，也直接提升了中国刑法学的研究水准。[3]

刑法学教材的内容体系在很大程度上反映了刑法学的理论知识体系。在传统课堂教学中，刑法学教材的使用通常由任课老师指定或者推荐。几年来，国内高校开始推行"马工程教材"，这是本科生必备的标准版教科书，其中刑法学教材由西北政法大学前校长、现浙江省人民检察院检察长贾宇担任编写组主编，主要成员均是来自国内著名刑法学者，全书分为《刑法学（上册·总

---

〔1〕 王利明：《关于法学教材建设的几点意见》，载《中国法学教育研究》2006年第 3 期。

〔2〕 高铭暄、赵秉志主编：《新中国刑法学五十年》，中国方正出版社 2000 年版，第 19 页。

〔3〕 付立庆：《刑法总论》，法律出版社 2020 年版，第 2 页。

论）》和《刑法学（下册·分论）》，由高等教育出版社 2019 年 7 月出版。该教材的重要创新点之一是运用马克思主义理论指导刑法学研究，在形式上则采用了融媒体技术，每一章后面大都印制了二维码，提供相关网络链接，方便学生拓展理论知识，了解实践案例。

一流课程应当配备一流教材。一流的刑法学教材应当是一个完整的刑法知识体系，也应当是一套系统化的刑法学教材体系。除了刑法教科书，还应当有阅读资料、案例教材以及相关参考书。刑法学教材不同于刑法学专著，应当有一定的广度，也要有一定的深度。对于刑法的概念、范畴、原理、体系等基本知识，不能自说自话，应当尽量使用学界普遍接受的说法；同时，一流的刑法学教材要能够反映时代的发展变化和要求，注意刑法知识和理论的更新，要能够站在学术前沿引领刑法学发展的方向。

线上一流课程使用的教材应当适应线上教学和学习的特点和要求，应当从传统平面化教材走向立体化教材。随着信息技术特别是互联网技术的发展，"立体化教材"已成为当前教材发展的新方向。[1] 立体化教材包括主教材和辅助出版物，是纸介质教材、音像制品、电子与网络出版物有机结合的多媒体教材。[2] 在"互联网+"支持下，立体化教材吸收了互联网数字化、多媒体化等优势和特性，在产品表现和内容呈现方式上更加多元化，可以是印刷教材、音像制品、电子出版物、网络出版物等，内容包括文字教材、电子教案、试题库等，表现方法可以是声音、动

---

〔1〕 李科生、蒋志辉：《"互联网+"支持下的"立体化教材"开发探讨》，载《出版科学》2018 年第 1 期。

〔2〕 田晓红：《以国内一流标准打造和建设精品课程》，载《山西财政税务专科学校学报》2007 年第 3 期。

画、视频等动态形式。[1]

四、教学模式和教学方法的创新

线上一流课程不能是教师简单地通过线上手段对学生进行知识的灌输，线上课程教学需要改变传统的教学模式和教学方法，改变传统的以教师为中心的教学结构，建立一种既能发挥教师的主导作用，又能充分体现学生学习主体作用的新型教学结构。[2] 在这种模式下，需要运用现代化教学手段和工具，让学生在教师指导下主动学习和自主学习。

微课化是线上一流课程建设的重要途径之一。线上课程的知识点多是碎片化的，课程内容的设计和课件视频的制作应当充分考虑并适应慕课受众对象的特点和需求。微课以一个知识点为基础，以可视化的视频进行完整表达，要求设计者精炼学习内容的精华，以简单和直接的方式通过短视频表达。[3] 微课主要特点是教学时间短，教学内容少，表现为半结构化和情景化，适合用于在线学习和移动终端学习，能够满足学生适需使用、适时使用、适量使用的需求。[4] 将线上课程微课化，以知识点划分小节，采用 10~15 分钟的视频进行教学，以内容简洁的视频阐述理论知识点，便于学生随时随地学习课程。[5] 这种课程设计和教

〔1〕 黄荣怀、郭芳：《立体化教材的设计与开发》，载《现代教育技术》2008 年第 10 期。

〔2〕 郭增平、朱纯义：《谈现代化教学手段与传统教学方法的合理运用》，载《教育探索》2007 年第 8 期。

〔3〕 徐武：《微课在法学教学中的应用初探》，载《福建广播电视大学学报》2017 年第 1 期。

〔4〕 张俊飞：《"微课"一种新的教学形态》，载《福建电脑》2014 年第 1 期。

〔5〕 欧阳恒、陈国周：《应用型本科课程理论与实践紧密结合的教学模式探讨——以矿物岩石学课程建设为例》，载《高教学刊》2019 年第 7 期。

学方式能解决和弥补因为课时过长引起学生容易走神、分心等不良的反应。[1]

线上课程应当开展互动式、启发式和探究式教学。与传统课堂教学相比，线上教学师生互动受时空限制，师生互动的及时性和即时性稍差。对此，应当加强线上教学设计形式的多样化，改变以教师为中心的传统教学模式，探索以学生为中心的新型模式，突出学生的主体地位，搭建讨论交流的平台，除了问答环节，教师还可以把与知识点相关的经典案例发布到平台，从而提升学生解决实际问题的能力。

线上课程教学应当注入开放性、差异性、多元性等"后现代课程观"，张扬主体意识和独特个性。[2] 刑法学是一门实践性较强的学科，教师必须从单纯的传授知识走向发现和创造知识，除了注重刑法教义学教育，还需要挖掘法条背后所蕴含的刑法目的和价值；同时，还要能够运用刑法理论解决实际问题。因此，在课程设计上，除了大纲规定的知识点外，还需要增加案例探讨、延伸阅读以及相关参考资料，如最高人民法院组织编写的《刑事审判参考》、《中国刑事审判指导案例》系列丛书等。

线上教学要充分运用好现代化多媒体教学手段。线上教学使用的是一种多元化的教学平台，它可以给学生提供丰富的学习资源。通过多媒体教学手段，可以创设形象逼真的教学环境、声像同步的教学情景、动静结合的教学图像、生动活泼的教学气氛，运用文字、声音、图像、视频等手段，使得线上教学方法更加直

---

〔1〕 马莉燕等：《一流课程建设背景下〈矿物岩石学〉线上课程建设探索》，载《高教学刊》2021 年第 5 期。

〔2〕 王立志：《后现代课程观视野中的刑法教学改革》，载《公民与法（法学版）》2013 年第 9 期。

观形象，教学内容更加丰富多样，同时还可以提高线上教学的新颖性和趣味性，从而充分调动学生学习的积极性。

现代化教学手段在线上教学上具有明显优势，但这并不意味着要完全摒弃传统教学方法。线上学习毕竟不是看电影，刑法课程不论如何设计，也不可能每节课都像电影那样精彩。长时间的观看视频课件不仅容易造成视听疲劳，还可能使学生产生厌烦情绪。[1] 因此，在充分利用现代化教学手段的同时，适当使用一些传统教学方法，如教师的语言、表情、手势等，进行信息传递，从而丰富教师与学生交流的途径。此外，为促进师生互动，有学者提出，可以利用手机进行课堂互动，如利用二维码进行阅读文献文章，利用弹幕进行互动，利用随机选择学生回答问题的方式，等等。[2] 这些做法都有利于师生之间的互动，提高学习效果。

五、高水平师资队伍建设

一流的课程离不开一流的教师，高水平任课教师是线上一流课程的基本保障，有没有优秀的师资队伍是评定线上一流课程建设成果的重要标准之一。正如教育部在《关于一流本科课程建设的实施意见》中所要求的那样，要明确要求两院院士、国家"千人计划""万人计划"专家、"长江学者奖励计划"入选者、国家杰出青年科学基金获得者等高层次人才讲授基础课和专业基础课。如果一流专家学者不给学生上课，或者不好好上课，根本就

---

〔1〕 胡志德等：《多媒体教学需与传统教学手段相结合》，载《山西医科大学学报（基础医学教育）》2002 年第 4 期。

〔2〕 张要军、吕梦倩：《一流学科建设背景下线上线下混合式金课建设的探索与思考》，载《教育现代化》2020 年第 53 期。

谈不上是一流课程。

当然，并不是说上述这些高层次人才的讲课水平就一定高，更不是说没有这些人才"帽子"，教师的讲课水平就一定低。更为重要的是，对于大部分地方高等院校尤其是中西部院校来说，高层次人才数量不足的问题十分严重。部分高校缺乏高层次领军人才，缺少实战能力强、熟悉行业前沿理论与动态、能对学校发展起引领作用的师资队伍。[1] 在一些新建本科院校中，教师队伍还存在"本、硕学位教师居多，博士学位教师偏少"的问题。[2] 因此，要求一流课程完全由高层次人才讲授是不现实的，实际上也是没有必要的，尤其是线上课程的授课，优秀的青年教师有时候比一些资深教授可能更有优势。

但作为国家级或者省级一流课程的教师，应当是理论功底深厚、教学经验丰富、专业素养较高的教师。此外，对于一门课程来说，尤其是像刑法学这样的专业基础课程，不应当只有一位教师来完成，而应当有一支稳定的年龄结构合理、中高职称结合、知识结构互补、教学能力出众且能够熟练运用现代化教学手段的师资队伍。需要特别指出的是，教师知识结构过于单一不利于课程创新和知识融合。刑法学线上一流课程的授课教师团队，应该适当吸收相近或者相关专业如犯罪学、社会学等背景的教师。

线上一流课程需要教师要投入更多的时间和精力重新编写教学大纲，更新教学内容，设计测试题目，参与互动环节，随时交

---

〔1〕 李霏、刘绍满：《"双一流"背景下我国高校师资队伍发展的瓶颈与对策研究》，载《科教文汇（上旬刊）》2021 年第 2 期。

〔2〕 刘婷：《"双一流"背景下地方新建本科院校师资队伍建设的实践》，载《陕西教育（高教）》2020 年第 1 期。

流回答问题。[1] 同时，对教师的信息技术水平也有很高的要求。一流课程建设单位应当加强师资培训，确保线上课程授课教师能够熟练操作线上的课程平台，制作教学视频、PPT 课件，设置课后测试题库等。此外，线上一流课程授课教师还要能够借助网络课程平台进行学情调查，及时掌握学生的学习情况，适时调整教学内容和教学进度。[2]

线上一流课程建设还需要提高教师的国际化水平。在刑法国际化大背景下，各国刑法在人类法律文明进步大道上趋于接近、协调发展与共同前进，人们对于刑法性质、刑法机能、刑法作用、刑法理性、犯罪与刑罚等理念正经历着深刻的变革。[3] 作为刑法知识的传播者，刑法教师不仅要适应这种变革，而且要引领刑法理念变革的发展方向。建设国际一流的刑法线上课程，应当配备活跃在国际刑法理论研究一线、具有国际学术视野的一流教师。为此，除了为国内刑法教师积极搭建境外交流平台、开拓境外交流渠道以外，有必要适当引进外籍优秀教师、开展教师国际联合培养和科研联合攻关等。

最后，也是最重要的，线上一流课程建设必须提升教师的思想政治素质。与传统课堂教学相比，线上课程具有传播速度快、波及范围广、社会影响大等特点。线上一流课程建设单位有必要采取切实措施加强师德建设，培养教师高度的责任感和良好的职业道德。刑法学课程既有犯罪、刑罚、正当防卫等刑法基本概

---

〔1〕　许淑琴等：《一流课程目标下本科税法课程开展混合式教学改革的思考》，载《高教学刊》2021 年第 8 期。

〔2〕　张甜：《线上线下课程建设的教学改革研究》，载《电脑知识与技术》2021 年第 1 期。

〔3〕　苏彩霞：《刑法国际化视野下的我国刑法理念更新》，载《中国法学》2005 年第 2 期。

念，也有杀人、强奸、危害国家安全等具体犯罪形式，这些都涉及对刑法规范的解读，也涉及对国家法律本质的剖析。如果线上授课教师不慎做出错误诠释，或者任意乃至故意曲解，势必造成难以挽回的负面影响。

六、线上教学管理的规范化

教学管理是线上一流课程建设的关键关节。深化教学改革，提高教育质量，培养创新型人才，必须加强和改进高校教学管理制度。[1] 当然，改革创新线上教学管理制度是一项系统性工程，要围绕线上一流课程建设的目标和要求，充分考虑线上教学管理的特殊性，适当吸收近年来教学管理改革的新成果，探索线上教学管理模式的新思路、新模式和新方法，构建新时代线上教学管理制度体系。

首先，转变教学管理思想，树立"以人为本"现代教学管理的新理念。具体而言，在教学管理观念上，要实现以下两个转变：一是教学管理的中心从管理者向师生转变。高校教学管理部门应当打破管理的传统观念，突出师生的主体地位，管理人员由管理型向服务型转变，以服务者的角色为教学工作提供高质量的服务。[2] 二是教学管理的重心从教师向学生转变。线上教学实现了从"教材、教师、教室"为中心向"学生发展、学生学习、学习效果"为中心的转变，[3] 线上教学管理部门应当适应这种

---

[1] 朱爱青：《素质教育背景下高校教学管理制度改革的研究》，中国纺织出版社2019 年版，第 1 页。
[2] 沈效良、吴彩燕：《大数据背景下高职院校线上教学管理研究》，载《电脑知识与技术》2021 年第 6 期。
[3] 万家山等：《数据驱动下的线上线下混合式一流课程建设探究》，载《华北理工大学学报（社会科学版）》2020 年第 5 期。

变化，把工作重心及时转移到对学生学习过程和效果的管理上，把教学管理的重心放在满足学生的学习需求上。

其次，提高教学管理的制度化和标准化水平。教学管理制度是确保教学正常运行、规范教学秩序、提高教学质量的根本保障。[1] 加强线上教学制度建设，需要适应线上教学管理发展的时代要求，创新线上教学管理模式，充分发挥线上教学平台提供的各项教学管理功能，构建线上教学管理的新体系，包括线上教学过程管理办法、线上教学过程问题反馈与解决办法、线上教育教学质量监控管理办法、线上教学效果评估细则和管理办法等。[2] 为提高线上教学管理水平，应当加强教学管理部门与线上教学平台的协作，加强线上教学平台研发，实现线上课程管理、教学资源库维护、教学数据采集和学习跟踪系统等管理的自动化和标准化。

再次，加强教学管理人员的信息技术培训。信息技术与教学管理的深度融合是线上教学管理的重要特征，也是未来线上教学管理的发展方向。线上教学形式的多样化和教学方法的智能化，对教学管理工作者的信息技术应用能力提出了更高的要求。教学管理工作者应当熟悉线上教学平台的使用和管理规范，掌握平台的操作方法，熟练运用大数据技术、数字技术和信息技术，合理使用现代化教学管理平台及相关资源。[3]

最后，健全线上教学管理配套措施。经费投入是一流课程建

---

〔1〕 程瑶等：《以制度创新为着力点 促进学教管协同发展》，载《中国大学教学》2013 年第 3 期。

〔2〕 张德祥等：《线上教学管理制度创新研究与实践》，载《教育教学论坛》2020 年第 44 期。

〔3〕 沈效良、吴彩燕：《大数据背景下高职院校线上教学管理研究》，载《电脑知识与技术》2021 年第 6 期。

设的重要条件。在申报省级或者国家级一流课程之前，高校对比较成熟的线上课程进行培育建设是很必要的。可以通过教学项目立项的方式，投入一定的课程建设经费，用于课件开发、题库建设和视频录制等。加强线上教学实施过程实时监控管理，构建常态化线上教学效果调查分析和教学效果评估评价机制，确保"教师真在教、学生真在学"。[1] 建立切实有效的激励机制，可以把一流课程申报立项及其建设成效作为教师年终考核和评先选优、职称晋升的重要依据，鼓励教师把时间和精力投入课程建设上来。

七、余论：线上课程与线下课程的衔接与互动

刑法学是部门法学中最重要的学科之一，也是最古老的法律学科之一。刑法规范具有完整的逻辑结构，刑法学具备比较成熟的理论知识体系。刑法学课程除了要教会学生掌握犯罪、刑事责任和刑罚等基本知识外，还要引领学生探索根植于人类文明历史之中的刑法精神以及蕴含刑法价值的实体范畴和关系范畴。[2] 我国刑法学理论发展到今天，仍然面临着犯罪构成三阶层与四要件之争、形式刑法观与实质刑法观之争以及行为无价值论与结果无价值论等方面的理论争议；对于共同犯罪、正当防卫以及犯罪的未完成形态等重要刑法范畴，无论是在理论还是在司法实践中都存在很大的不确定性；还有信息技术犯罪、环境污染犯罪以及人工智能犯罪等新型犯罪形式及其刑事责任问题，都亟待理论上

〔1〕 张德祥等：《线上教学管理制度创新研究与实践》，载《教育教学论坛》2020 年第 44 期。

〔2〕 曲新久：《刑法的精神与范畴（2003 年修订版）》，中国政法大学出版社 2003年版，第 1 页。

做出回应，在司法裁判中给出答案。

线上教学内容应当讲到什么程度？按照当前一些刑法慕课课程的设计，教学大纲设定的教学内容基本上涵盖了全部的刑法基础理论和完整的刑法知识点，这些都可以在线上完成教学，学生也可以在线上完成所有的学习环节，包括线上观看视频课件、课后练习、章节测验以及期末测试等。这是不是就意味着刑法学课程不需要再进行线下教学呢？答案是否定的。线上教学具有其自身优势，但并不能完全取代线下教学。对于刑法学的重点和难点问题以及疑难复杂案例的分析问题，还得利用线下课堂来完成。如关于正当防卫问题，传统课堂教学通常采用 4 个学时甚至更长的时间才能把这个问题讲清楚，但某线上课程只用 24 分 30 秒的时间，所附的 PPT 讲义内容包括正当防卫、假想防卫、防卫挑拨、防卫不适时等概念的释义，加起来不满 1 页。对于没有任何刑法知识基础的学生来说，看完这不足 25 分钟的课件视频是不可能完全掌握这个重要问题的。

线上教学的不足需要线下教学弥补，应当做好线上课程与线下课程的衔接与互动。在课程内容设计上，不同于混合式一流的课程教学要求，线上教学没有固定的比例限制，完全根据课程内容和学生学习的需要，确定哪些内容应当放到线上学习，哪些内容适合放在线下讨论。如对于正当防卫问题，在线上可以讲授正当防卫的概念、理念以及刑法规定的构成正当防卫的条件，但对于实践中如何认定正当防卫及其与假想防卫、防卫挑拨、防卫不适时等概念的区别，应当结合最高人民法院发布的有关正当防卫的一系列指导性案例进行分析和研讨。将这些内容转到线下并不是简单地将线上教学内容搬回课堂，而是在线上教学基础上重构线下教学，让学生在线上无法完成的学习任务，通过情景教学、案例教学、课堂研讨等方法，完成课程大纲确定的全部内容，实现学习效果的最大化。

在线异步教学在法律硕士培养中的应用探索[*]

黄　健[**]

摘　要：同时打散"教"与"学"时空关系的在线异步教学，能够引发在教授指导和反馈下的学生沉浸式学习，从而充分激发学生的自主性，并尊重学习的个性化。这有助于化解法律硕士，尤其是非法学本科的法律硕士，在培养过程中所面临的学生学情差异大、传统讲授式教学与"复合型""应用型"导向不兼容等难题。若要将在线异步教学应用于法律硕士的培养，在宏观层面需要矫正有关在线教育的不当偏见，避免参照传统教育的机械比对。在中观层面，在线异步教学可帮助法律硕士学生基于基础理论生成智能技能、经由自我拓展形成竞争优势，并依托自我反思养成职业素养。在微观层

---

　　[*]　中国政法大学研究生线上教学规律研究项目"'线上异步学习'在非法本法硕培养中的模式探究"（项目编号：XSGL2012）。

　　[**]　黄健，法学博士，中国政法大学法律硕士学院讲师。

面，应围绕激发自主学习、增强主体间交流、尊重学习差异性，构建适用于法律硕士培养的在线异步教学具体方案。

关键词： 在线教学 异步学习 法律硕士培养 自主学习 学情差异

高等院校的实体教学在新冠疫情背景下出现了非常规中断，致使伊万·伊里奇描绘的"去学校化"偶然呈现。[1]"在线教学"借助技术手段，得以将实体学校教学转移至网络空间。截至 2020 年 5 月 8 日，我国开展在线教学的高校达 1454 所，参与在线教学的教师达 103 万名，所开课程覆盖全部 12 个学科门类，参加在线学习的大学生共计 1775 万人，合计 23 亿人次。[2]然而，如此庞大规模的在线教学，却随着疫情缓解、实体校园重新开放，而迅速衰减乃至消亡。这不禁令人反思，在线教学不应只是通过线上平台复制面对面教学的体验。[3]如果在线教学仅是传统教学的线上转移，那么，疫情结束，"涛声"将依旧。[4]同时打散"教"与"学"空间关系及时间关系，并力图重构教学模式的"在线异步教学"，相较于师生面对面的传统教学，具有典型的独立属性。后疫情时代，在线异步教学能否存续、如何存续等问题值得思考。笔者在工作实践中观察到，在线异步教学似乎可与法

---

〔1〕 参见陈霜叶：《停课不停学中的课程教学迷思与反思：教育规训制度的视角》，载《教育科学》2020 年第 3 期。

〔2〕 参见赵秀红、王家源：《在实践中创造高校在线教学新高峰》，载《中国教育报》2020 年 5 月 15 日，第 1 版。

〔3〕 See Kathe Pelletier, Malcolm Brown, D. Christopher Brooks, etc., 2021 *EDUCAUSE Horizon Report, Teaching and Learning Edition*, CO: EDUCAUSE, Boulder, at 29 - 30 (2021).

〔4〕 崔允漷：《"在线"易，"在学"难，动机是关键》，载《教育科学》2020 年第 3 期。

律硕士培养中的若干环节产生良性互动。然而，鲜有文章专门探讨在线异步教学之于法学教育的应用，即使有所提及，也仅是笼统地指出异步教学造成师生间交流障碍、监督缺位等弊端。[1]值得提出的是，美国在线法学教育，尤其是在线法律博士（J. D.）项目的实践与探索，愈发关注在线教育与异步学习。同时，已有美国学者专门就法律教育领域在线异步学习的良好实践问题展开探讨。[2]纵使美国的法律博士（J. D.）制度与我国法律硕士（J. M.）制度差异明显，但在生源多元化、"法律职业人"培养导向方面趋同，[3]之于两者的比较或许能够得到一些启发。[4]

一、在线异步教学常态化亟待理念转变

在线异步教学是在线教学的表现形式之一。美国律师协会（ABA）定义的在线课程为"一个学生与教师或彼此分离超过三分之一的教学和涉及使用技术来支持定期和实质性的学生之间、学生和教师之间的交流，可同步亦可异步。"[5]相较于同步模式，异步模式具有更为独特的表现形式，它不仅意味着师生仅在网络空间聚集而并不要求物理空间的同一性，而且也并不要求"教"

---

〔1〕　参见黄瑶：《新冠肺炎疫情对法学教育的挑战与应对——以实证调研为基础的分析》，载《中国大学教学》2021 年第 4 期。

〔2〕　See Kenneth R. Swift, "The Seven Principles for Good Practice in（Asynchronous Online）", *Legal Education*, 44 *Mitchell Hamline L. REV.* 105（2018）; Victoria Sutton, "Asynchronous, E-Learning in Legal Education: A Comparative Study with the Traditional Classroom", 70 *Syracuse L. REV.* 143（2020）.

〔3〕　参见丁相顺：《J. M. 还是 J. D.？——中、日、美复合型法律人才培养制度比较》，载《法学家》2008 年第 3 期。

〔4〕　参见方流芳：《法律硕士教育面临的三个问题》，载《中国政法大学学报》2007 年第 1 期。

〔5〕　Yvonne M. Dutton, Margaret Ryznar & Kayleigh Long, "Assessing Online Learning in Law Schools: Students Say Online Classes Deliver", 96 *Denv. L. REV.* 493, 501（2019）.

与"学"活动的时间同步性。当前,在线教育之于高等教育的应用备受质疑,部分教师、学生、社会公众认为,在线教育普遍存在门槛低、效果差的情况,不能与传统课堂教育同日而语。若要在法律硕士培养中推行在线异步教学常态化,首先要对此类质疑进行理性审视。

(一)矫正之于在线教育的不当偏见

在线异步教学属于在线教育的表现形式之一。而"在线教育"这一意在描述依托网络技术开展教育活动的语词,又常与"远程教育"概念相关联,"继函授教育、广播电视教育之后,我国产生了以网络技术为基础的第三代现代远程教育。[1]不仅如此,远程教育在特定时期还肩负着建立与完善继续教育制度的使命。《国务院批转教育部面向 21 世纪教育振兴行动计划的通知》第 25 条指出:"依托现代远程教育网络开设高质量的网络课程"是"建立和完善继续教育制度"的重要举措。[2]在线教育同远程教育、继续教育等相关概念的交叠,以及社会之于此类教育模式的固有偏见,使得"在线教育"也不当地遭到起点低、门槛低、质量差、效果差的质疑。此类质疑造成的一个典型结果,即对在线课程的盲目拒绝、武断排斥。然而,教学方式并无高低贵贱之分,只是我国起初远程教育、继续教育的参加对象起点较低,从而引发了远程教育、在线教育的不当偏见。[3]无论是在线教育,远程教育、还是网络教育,均强调技术的依托与时空的间隔,进

---

〔1〕 王辞晓、杨钋、尚俊杰:《高校在线教育的发展脉络、应用现状及转型机遇》,载《现代教育技术》2020 年第 8 期。

〔2〕 《国务院批转教育部面向 21 世纪教育振兴行动计划的通知》,国发〔1999〕4 号。

〔3〕 参见芦琦:《法律课程媒体设计及应用模式比较——以香港公开大学和上海电视大学为例》,载《开放教育研究》2007 年第 3 期。

而引发教育模式的变革。不应基于受众人群、学历层次、一国既往实践等偶然因素，对此类依托网络技术建立的教育模式产生刻板印象。作为远程教育的杰出示范，英国伦敦大学在 1858 年就孕育出了远程教育的萌芽；1969 年设立的英国开放大学更是大获成功。该两所大学远程开放教育的开展以本科乃至研究生学历层次为主。[1]我国香港地区的公开大学，在十多年前，就面向精英人群，开展法律硕士学位远程教育。[2]即便有些国家开办远程教育的学历起点较低，但随着社会发展，也大都有所提高。韩国国立开放大学，已从两年制大专教育，发展为四年制本科教育与研究生教育相结合的远程教育高等院校。[3]我国当前在线教育发展，也早已不同于昔日依托网络的远程教育。在线教育同样可以在传统校园教学环境中发生作用，甚至肩负着实现教育现代化、建设高等教育强国的使命。[4]

也就是说，纵使在线教育仍面临不少问题与质疑，但其仍然是技术驱动下教育革新的未来趋势，在疫情原因的加持，这一趋势更为明朗。当然，应首先排除之于在线教育的刻板印象与不当偏见，方能围绕质量问题探索在线教育的具体展开方案。唯有确保质量，才能使在线教育在疫情过后仍具有重要性，成为高等教育、专业人才培养的常态模式之一。

---

〔1〕 参见［英］安妮·盖斯凯尔《数字时代远程开放教育：英国篇》，彭一为等译，载《中国远程教育》2019 年第 5 期。

〔2〕 参见芦琦：《法律课程媒体设计及应用模式比较——以香港公开大学和上海电视大学为例》，载《开放教育研究》2007 年第 3 期。

〔3〕 参见姚来燕：《韩国国立开放大学的远程法学教育》，载《中国远程教育》2011 年第 8 期。

〔4〕 参见张男星等：《我国在线高等教育发展的国际比较及推进策略》，载《中国高教研究》2021 年第 1 期。

（二）避免之于传统教育的机械比对

时下，有关在线教育的探讨，大都会与传统课堂教育进行比对，意在回应相较于成熟的传统教育模式，在线教育能否达到与之相同或近似效果的问题。正如有文章开篇即提出"在线学生是否可以达到与面对面课程学生相同的学习和表现水平"的设问。[1]在线教育的质疑者，通常会提出"在线学习不能提供与面对面学习相同的学习标准或质量，并导致学生体验感大大降低"的类似观点。[2]而支持者则会指出，此类在线教育不及传统教育的论断，大都基于教育者、学生群体的"大众心理"（folk psychology)[3]，并不一定真实，亟待验证。在此基础上，支持论者通过问卷调查，得出大多数被调查学生认为在线课程与传统学习课程无显著差异的结论。[4]面对在线教育支持者的实证回应，反对者同样拿出了实证调查结果。例如有学者的调查发现，50%的被调查对象认为线上教学课堂氛围与教学效果始终不及线下，教育质量有待提高，并得出在线教育仅是新冠肺炎疫情之下无奈之举的消极论断。[5]除有关在线教育与传统教育孰优孰劣的整体思考外，当探讨在线教育的课堂活动设计、评价标准设定、管理制度构建等具体问题时，研究者同样具有比对传统教育的思维倾向。

---

〔1〕 See Rebecca S. Trammell, "Improving Student Outcomes in Online Learning", 22 *AALL Spectrum* 18, 19 (2018).

〔2〕 See Joan Squelch, "COVID-19 and Quality Education: Reducing Fees for Online Learning?", 16 *Int'l J. Educ. L. & Pol'y* 161, 165-169 (2020).

〔3〕 See Victoria Sutton, Asynchronous, "E-Learning in Legal Education: A Comparative Study with the Traditional Classroom", 70 *Syracuse L. REV.* 143, 144 (2020).

〔4〕 Id, at 155-156.

〔5〕 参见黄瑶：《新冠肺炎疫情对法学教育的挑战与应对——以实证调研为基础的分析》，载《中国大学教育》2021 年第 4 期。

对比传统的线下教育以考察、评估在线教育，在方法论上具有成熟性。人们在观察存有争议的发展中事物时，倾向于找寻已有定论的近似物或对比物。然而，机械地参照、比对，容易固化两事物间的显著差别，尤其是突出新事物之于参照物的不足，而忽视新事物的潜在优势。例如一般认为：由于在线教学，师生分处于不同空间，时间上也不要求同步，因而互动性相较于传统课堂教学明显不足。然而有调查显示，在线教学借助技术便利及表达方式的变化，使得学生提问率及互动频率明显高于线下课堂。[1]类似地国外实证研究也指出：超过半数的被调查者认为在线互动可以等同面对面互动，并由于技术的便捷性可能导致互动频率的提高。[2]由此可见，执着地比对在线教育与传统教育孰优孰劣，并在既有传统教育实践框架下探索在线教育的研究思路，可能有碍在线教育的独立与发展。若意图将在线教育作为高等教育、专业人才培养的常规手段，则不应机械地关注在线教育能否与传统教育等效的问题，而是应在承认在线教育优势与不足、尊重其个性的前提下，探索在线教育更适宜哪些专业课程学习、更有助于哪些人才培养环节的问题。

二、法律硕士在线异步教学的适用领域

若要摒弃模拟、甚至是还原线下教育的在线教育研究思路，转而探索在线异步教学之个性与法律硕士教育培养的契合之处，则必然面临两个前提：在线异步教学个性的挖掘与当前法硕教育问题的梳理。就前者而言，"异步"突出教与学的时空松散性，

---

〔1〕　参见王竹立：《替代课堂，还是超越课堂？——关于在线教育的争鸣与反思》，载《现代远程教育研究》2020年第5期。

〔2〕　See Victoria, supra note 20.

参与者不仅所处空间分离，而且行为时间也非同步，由此引发在教师引导和反馈之下的学生自主学习。而当前法硕教育的最大问题，就是其应有的实践性、职业性培养导向明显不足。[1] 学生在线异步学习，具有提升理论知识应用水平、尊重个性化学习差异程度，以及增强职业身份养成效果的潜在优势，有望成为法硕培养的常态模式之一。

（一）基于基础理论的智能技能生成

我国存在法学硕士与法律硕士的不同专业设置。一般认为，法学硕士志在培养教学、科研人员，以理论研究为导向；法律硕士则以将其所学直接服务于法律职业为己任，具有明显的实践应用导向。虽然这种理论与实践的导向二分较为明确，但似乎人为割裂了理论与实践的必然联系。当一名法律硕士学生面对真实案件，不知如何处理时，旁人可能会评价只懂理论、不懂实践。但如果更加深入地思考，可能会得出更令人不适的结论，即该生脑海中并不存在解决特定实际问题的理论储备，或者对于匆匆学习的大量理论知识仅停留在记忆层面，而远未达到应用水平。对于法律硕士不仅缺乏法律职业技能而且欠缺扎实法学理论知识的负面评价，[2] 即是前述论断的例证。有学者指出：智能技能（intellectual skills）是处理实务工作的必要技能，它是指知识的使用能力。在法律专业范围内，就是知道如何使用法律概念及条文、演绎适用法律理论的能力。[3]

---

〔1〕 参见冀祥德：《论中国法科研究生培养模式转型之必要——从以培养法学硕士为主转向以法律硕士为主》，载《环球法律评论》2012 年第 5 期。

〔2〕 参见董士忠：《法律硕士教育现存问题探析》，载《学位与研究生教育》2006 年第 5 期。

〔3〕 参见何美欢：《理想的专业法学教育》，载《清华法学》2006 年第 3 期。

　　智能技能的生成，需要在教师介入下学生的不断练习，讲课并不能培养技能。[1]因此，以讲课为主的法律硕士基础知识教学存在不当。学生的自主练习应是智能技能生成的主要途径，教师应在每个知识单元的学习前进行简短的课程引入，并精心布置所对应的自主练习。学生在初步学习后自主或以小组讨论的方式完成练习任务，以期通过实践领悟所要学习的基础知识。然而，脱离教师反馈的自主练习是危险的。教师应对学生自主学习与练习给予及时反馈，以矫正错误、巩固知识、实现拓展。这种基于教师引导与反馈的学生自主练习，正是在线异步学习所具备的个性与优势。在线技术手段能轻松实现教师知识引入、任务布置、学生自主练习、教师沟通反馈等教学行为，甚至是基于在线空间特殊性与信息技术优势的加持，提升学生的学习参与度、实现教师频繁、持续且有针对性地反馈。[2]不仅如此，"异步"突出的时间灵活性，能够方便学生基于个人情况，对不同学科的学习加以"轻重缓急"之区分。这对于化解短时间内需要学习大量课程所造成的法硕课业压力而言，至关重要。

（二）经由自我拓展的竞争优势形成

　　非法学本科的法律硕士是法律专业型硕士培养中的主力军。法律硕士在招生之初，并未限制法学本科毕业生报考，及至2000年，法律硕士招生对象限定为非法学专业本科毕业生。2009年，为配合调剂工作，专门确立法律硕士（法学）专业，从报考法学硕士的学生中调剂。[3]目前，法律硕士（法学）需要专门报考并

〔1〕　参见何美欢：《理想的专业法学教育》，载《清华法学》2006年第3期。
〔2〕　See Victoria, supra note 20, at 146-147.
〔3〕　参见徐胜萍、田海鑫：《法律硕士（法学）培养的现状与思考——基于对北京9所高校问卷调查的分析》，载《学位与研究生教育》2014年第12期。

通过国家统一考试，多数培养单位法律硕士（法学）的计划招生人数，明显少于法律硕士（非法学）。法律硕士（非法学）"复合型、应用型"的培养目标也与我国《卓越法治人才培养计划》相一致。然而，非法学本科的法律硕士在就业环节仍会陷入窘境，相较于法学硕士与法学本科的法律硕士，缺乏竞争力。[1]究其原因，包括：法学各二级学科的通识性教育无法帮助学生在某个特定业务领域进行系统性研习；研究方向以学术导师所在的法学二级学科为准，无法与本科专业相衔接，由此导致非法学本科的法律硕士学生不仅基础理论不扎实，而且复合型优势无从体现。[2]

从师资配备角度观察上述问题，法律硕士培养以本单位的学术导师为主，而学术导师大都是通过学术型培养模式，取得法学博士学位者，鲜有法学与非法学专业的复合背景。由此，大多数学术导师在讲授各二级学科的基础知识时，只能基于法学方法与法学思维进行讲解。一个生动的例证，即《法律硕士专业学位研究生指导性方案》中，法律硕士（非法学）与法律硕士（法学）培养仅存在形式差别，[3]部分培养单位甚至套用法学硕士培养方案以培养法律硕士。"双师制"所引入的实务导师似乎能化解法律硕士的培养难题，但教学实践中，实务导师限于时间与空间条件，无法获得充足机会与学生进行面对面交流，以至于沟通频率显著偏低。然而，基于在线异步学习思维，实务导师与学生间的

---

〔1〕　参见郑春燕、王友健：《非法本法律硕士培养模式的体系性再造》，载《研究生教育研究》2020 年第 5 期。

〔2〕　参见郑春燕、王友健：《非法本法律硕士培养模式的体系性再造》，载《研究生教育研究》2020 年第 5 期。

〔3〕　在培养目标上存在专门型与复合型差别，在学制设定上，法学法硕稍短，在课程形式上，存在专题式与系统讲授式的差别。

时空间隔不再是沟通障碍，而是适用线上异步学习的必要条件。不仅如此，在线异步学习的开展，还能够激发学生的自主性与积极性。非法学本科的法律硕士学生，能够基于个人本科所学专业及未来就业选择，自主进行知识拓展，以此形成真正的"复合型"竞争优势。在教与学的良性互动关系中，当"教"的一方暂时失灵时，可以寄希望于学的一方，通过激发其自我拓展能力，以推动教学培养质量的提升。

（三）依托自我反思的职业素养养成

法律硕士"应用型"的培养定位，意味着学生在学习期间同时要关注法律职业素养的养成。法律职业素养包括法律文化、思维、精神、意识、伦理、方法等多元要素。[1]法律硕士培养方案中的法律职业伦理、法律职业核心技能、律师实务、法律诊所等课程事关法律职业素养的培育，此类课程均具有明显的方向性。以诊所课程为例，"诊所式法律教育模式为学生职业素养的教育提供了一个有效的、可行的途径。"[2]诊所课程的开设大都基于培养单位的特色及其师资配备，在大方向上，可分为民商事法律诊所、行政法律诊所、刑事法律诊所，更为具体地，可设立公司法诊所、证券法诊所、知识产权法诊所、环境法诊所、劳动法诊所、少年法诊所等。再以法律职业伦理为例，"法学院在法律知识的传授之外还应关注受教育者思想能力与伦理能力的培养。"[3]不同的法律职业所应遵从的伦理准则有所差别，律师和

---

〔1〕　参见霍宪丹：《法律职业素养是"法共体"的基本资质》，载《法学家》2003 年第 6 期。

〔2〕　王洪松、董宁博：《法律诊所教学中学生法律职业素养的培养研究》，载《中国法学教育研究》2010 年第 3 期。

〔3〕　齐延平：《论现代法学教育中的法律伦理教育》，载《法律科学》2002 年第 5 期。

法官均会面临法律利益、当事人利益与个人利益间的冲突，但基于职业定位的不同，律师和法官在平衡各方利益时所遵从的道德准则与行为规范有所差别。

不仅如此，上述课程的学习应以学生为主导，这是因为法律职业素养的养成依托于人们的心理习惯、内在品性及思想积累，是一个不断完善与发展的自我教育过程，而绝非既定知识的教导。对于学生法律素养的培育，应变通说教式的教学方式，转变为教师提前布置任务，学生课上讨论，老师反馈总结的学习方式，让学生体会"法律人"应具备的技术与素养。[1]有学者将其概括为由"演讲式教学法"转变为"问题引导式教学法"，"教师由单一的演讲者转变成了课堂讨论的发问者和主持者；学生由被动的受众、听众角色转变成了主动的参与者。"[2]有学者更是聚焦"互联网+"环境，指出：法律职业素养的培育应以建构主义学习理论为基础，注意学习环境的设计、转向学习者中心、调动学习者主动性。[3]简而言之，法律职业素养的培育及养成与反思性实践（reflective practice）密不可分。[4]

由此，不论是法律职业素养课程的方向性，还是其学习方式方法的自省性、反思性，均与在线异步学习能够带来的，在教师干预与反馈之下的沉浸式的自我反思相契合。"异步"模式得以

---

〔1〕 参见孟卿、刘宁：《浅谈法学教育中法律职业素养的培养》，载《教育与职业》2012 年第 18 期。

〔2〕 齐延平：《论现代法学教育中的法律伦理教育》，载《法律科学》2002 年第 5 期。

〔3〕 张景山、张桂霞、郭玉芹：《"互联网+"环境下法律职业素养培育模式构建》，载《〈教师教学能力发展研究〉科研成果集》2017 年第 7 卷。

〔4〕 Denise Platfoot Lacey, "Do All Roads Lead to Rome? Effectively Using Asynchronous Online Reflective Practice in an Externship Course", 89 *UMKC L. REV.* 609, 613 (2021).

使学生基于个人的选择和安排进行更具针对性、灵活性的职业反思，以达到更好的职业培养效果。当然，在通过线上异步方式引导学生自我反思以形成法律职业素养时，同样需要考虑学生间的沟通、师生间的交流，制定目标导向的、可测量的评估机制，加强导师的参与反馈，为学生提供不同选择等问题。[1]

三、法律硕士在线异步教学的可行方案

若要将法律硕士教学、实践中的若干环节，由线下转移至线上，且不要求教与学的时间同步性，则必然引发教学方式、方法的变革。当前，在线教育质量饱受质疑，在线异步教学模式的引入，能否肩负提升法律硕士培养质量的重任？若要回应这一问题，尚需探讨能够应用于法律硕士在线异步教学可行方案的设计。

已有美国学者聚焦 J. D. 学生教学培养，探讨了"法律教育良好实践七项原则"应用于在线异步课程设计的指导意义和对应方案。上世纪末，美国法学教学研究院（ILST）基于"指导改善本科教育的七项原则"，主张法律教育的良好实践包括：①鼓励学生与教师联系；②鼓励学生之间的合作；③鼓励积极学习；④提供及时反馈；⑤强调花在任务上的时间；⑥交流高期望；⑦尊重不同才智和学习方式七项原则。[2]我国学者也聚焦法学在线教育，提出了"以分类设计为前提、以自主学习为基础、以资源建设为保障、以多样互动为方法、以案例教学为途径、以法理

---

〔1〕　Id, at 619-621.
〔2〕　Kenneth R. Swift, "The Seven Principles for Good Practice in (Asynchronous Online) Legal Education", 44 *Mitchell Hamline L. REV.* 105, 109-110 (2018).

阐释为引领"的六大要旨。[1] 择其要点与共性，应用于法律硕士培养的在线异步教学方案设计，也应能够激发学生的自主学习、加强同辈、师生间的沟通交流、尊重并兼容学习者的不同差异。

（一）激发自主学习的方案设计

任何教育活动都或多或少地存在自主学习因素。在线异步教学的开展，使得师生在物理空间同时同步在场的常态模式完全颠覆，教师之于学生的规范、约束、监督等机制被弱化。这使得在线异步学习，在需要更多地借助自主学习予以实现同时，又极易使学生缺乏自主学习的动机。在线异步教学要想保证学习者"在学习、真学习"，动机是关键。这种动机的产生，可以是基于内心需求的主动生成，也可以是基于外在刺激的被动应激。因此，应以实践导向的案例教学与任务引导为基调，构建激发法律硕士学生自主学习的在线异步模式。

激发自主学习动机，就是要优化课程设计，让学生参与其中。结合法律硕士培养的应用型导向，以及诸多实务课程的设置，教师应基于科学的课程设计，让学生通过对已决、甚至是未决案例的自主学习与演练，掌握教师意图传授的法律知识，从而替代教师讲授、学生被动接受的传统学习模式。当然，学生在开展案例演练前，势必需要一定的知识储备。教师可通过网络技术，轻松实现对阅读材料、法律文本、类似案例的发放，学生可在个人方便的时间与地点进行自主学习。同时，教师在开启每一学习单元前，可录制高度概括的引导视频，以圈定学生在自学与练习时的思考方向。此种之于案例的在线异步学习模式，相较于

---

〔1〕 王奇才：《论高校法学专业在线教学的要旨与趋势》，载《中国大学教学》2020 年第 8 期。

传统课堂中的案例教学，或许更能提高学生对于课程的整体参与水平。这是因为，传统课堂中的苏格拉底式教学只能引发部分学生对老师的提问加以迅速回应；而在线异步学习，使得学生无法避免阅读案例和回答问题，每个学生都有足够的时间回到案例中，以找到正确的答案。不仅如此，在线异步学习中，"走神"并不会有任何危害，学生可以随时回到任务中来而不遗漏任何内容。[1]

当然，上述在线异步学习优势的前提假设是所有学生的积极参与。而现实中一定存在部分在线异步学习的观望者、甚至是反对者。若要使这部分人员参与到在线异步学习之中，则应设计基于特定目标的、可测量、可评估的考核，从而使消极学生群体产生被动应激反应。与此同时，在线异步学习还应改变法学院以期末考试成绩"一锤定音"的考核机制，将最终的考核成绩分布到日常的学习材料阅读、视频观看、案例演练、单元考核等板块。若要使绝大多数的学生能够参与到在线异步学习的课程中来，还需要注意课程设计的一些细节，例如：课程单元结构的固定、引导视频的简洁与任务安排的实践导向等。由此，在提高任务指引的明确性并降低任务完成难度的前提下，激发学生的课程参与。[2]

由此可见，能够激发自主学习的在线异步教学在很大程度上依赖于精妙的课程设计。教师需要在课程设计上下功夫，然而，法学院倾向优先奖励学术而不是教学，法学教授也倾向于认为他们的角色是将知识传递给学生，而不是指导学生之间的讨论或活

---

〔1〕　See Kenneth, supra note 41, at 125-126.
〔2〕　See Yvonne, supra note 9, at 525-527.

动。[1]其实，精妙的在线异步教学设计并不与教授的角色定位相抵触，甚至是要求教授能够将自己的研究成果高度概括、凝练，并将其贯穿于实际案例中，以对基础理论进行应用、分析、评价，以达到布鲁姆学习分层理论中的更高层次。当然，课程设计所额外产生的事务性工作负担，大可通过聘请助教、运用技术手段等方式予以化解。

（二）增强主体间交流的方案设计

教与学双方主体的时空松散性，以及对自主学习的强调，并不意味着主体间交流的缺位。在线异步学习同样需要学生及师生间的交流，同辈间的交流是否充分与教授参与交流的充分程度，是在线异步课程能否被接受，能否发挥有效教学效果的决定因素。

学生间的小组交流讨论，同样是法学院传统课堂中的常见学习方式，同辈间的交流能够在获得专业知识收益的同时，提高沟通技巧与公共服务能力。法学院常常运用小组学习开展的学习活动包括：学生作为一个团队一起演练一个案例或起草一个法律文件；学生分为对立方讨论一个法律问题的不同观点；学生不区分立场地分组讨论一个法律问题等。以上小组活动的开展，均可以复制到在线空间，如通过视频会议、即时通讯的群聊、留言板、公共邮箱等。更值得提出的是，在线异步模式，可以使小组交流的基础价值得到加成。这是因为互联网的随时接入，为每一个小组成员提供了贡献个人见解的机会，并且见解的提出大都基于充足时间内的充分思考，这在传统的面对面小组交流中并不常见。

---

〔1〕　See Kenneth supra note 43，at 115.

同时，这种不要求时空同步性的小组讨论，让成员有机会在真正
消化他人观点后，提出进一步见解，即建立在别人工作基础之上
的递进式回应。在线异步学习模式下学生间的小组交流，绝非线
下交流的简单复制，良好的在线异步交互，非但不会削弱同辈间
的沟通，而且还能增强交流效果、提高交流收益。[1]教师可以要
求学生在本讨论群组中至少回复五个其他成员的留言，以获得
学分。[2]

　　除了同辈交流外，在线异步学习还要求教授参与其中，通过
专门交流与常规交流，对学生自主学习进行引导、反馈、评价及
引申。教授与学生间的交流首先应体现为之于案例演练、任务完
成情况的反馈。无论是意在维持学生自主学习的持续性，还是为
了确保自主学习的正确方向，教授的及时反馈都至关重要。这种
专门针对学生自主学习情况的反馈有总结性与形成性之分。总结
性反馈旨在衡量学生对课程材料的理解，形成性反馈旨在帮助学
生在一个持续的过程中加深理解。[3]前者意在帮助学生在记忆、
理解、适用层面运用所学知识，后者则意在提升学生至分析、归
纳、评价层面运用所学知识。相较于传统课堂上的教授反馈，在
线异步的反馈模式具有更强的针对性与全面性，同时，还能消除
学生在公开场合被纠正错误的心理负担。但是，这种针对全体学
生的个性化学习指导势必会大大增加教授的工作量，可通过引入
技术辅助，对任务中的客观性题设进行总结性评估；至于引导学
生自主学习的形成性反馈，则可通过小班制、学生分组、聘用助
教等方式缓解教授工作压力。除此种针对学生特定学习任务的专

---

〔1〕　Id, at 134-137.

〔2〕　See Denise, supra note 40, at 622.

〔3〕　See Kenneth, supra note 46, at 141.

门交流外，教授还应当同学生建立起常规交流途径。如通过视频会议、讨论班、电子周记等方式同学生建立起多元的电子联系节点，以取代传统的日常交流方式。[1]教授应该经常登录到课程网站，以表示"在场"，还可以创建一个普通的学生讨论论坛，并在指定的时间与同学在线交流。[2]

（三）尊重学习差异性的方案设计

国内外的在线异步课程设计原则，均提到了针对不同情况的差异化设计。我国学者提出以分类设计作为在线法学教育的前提，其核心观点在于针对不同的学生层次，区分不同的教学侧重。然而，该学者的分类依据为学生群体的学历层次，即法学本科、硕士、博士，本科又进一步分为低年级与高年级，硕士又区分为学术型与专业型。[3]国外学者也提出了"尊重不一样的才智和各种学习方式"的在线法学教育课程设计思路，且关注点在于学生个体，但该学者的举例仅谈到了有家庭有工作，年龄稍长的学生与存在身心缺陷的学生。[4]

在线异步学习营造出的极大的自由氛围，意味着尊重每一学习个体的个性化发展，"异步"学习应可引申为基于个体不同的学习能力、学习方法，展开的差异化教学培养模式。其实，"异步教学法"在与"在线教育"产生联系之前，就已独立存在。它的方法核心在于基于不同学习主体的个体化，激发教师指导的异

---

〔1〕　See Victoria, supra note 28, at 151.
〔2〕　See Denise, supra note 47, at 620-621.
〔3〕　王奇才：《论高校法学专业在线教学的要旨与趋势》，载《中国大学教学》2020 年第 8 期。
〔4〕　See Kenneth, supra note 48, at 158-159.

步化，但最终均落脚于将个人所学转化为社会效益的一体化目
标。[1] 随着该理论体系的发展，异步教学法的实践方式愈发精
细、完善。[2] 异步教学法中的"异步"，并不强调教学活动中主
体的时空异步性，而是强调学习主体的学情异步性，包括基础不
同、思维不同、问题不同、方法不同、导向不同等，强调学习的
个体化。其实，这种学情上的异步性也只有在时空不要求同步的
课堂上，才能得到更为全面的尊重。法律硕士，尤其是非法学本
科法律硕士的教学培养，具有天然的学情异步性。面对非法学本
科的法律硕士，教授在实体课堂中讲授基础法律知识时，常常不
知应讲授到何种程度，究其原因，正是因为该学生群体存在巨大
学情差异，导致"众口难调"。而就实践课程而言，由于该学生
群体具有不同的本科专业背景，所以自然会对"复合型"的培养
导向有着不同的需求，由此再度形成学情异步性。

　　对于基础法律知识学习的不同学情，仍可通过同一案例、同
一学习材料展开教学，但就任务设置上应基于布鲁姆分类法对不
同学力的学生进行差异化引导。例如，对于所有学生均应完成案
例阅读并回答设定问题，以实现布鲁姆分类法中的前两个层次：
获得知识，并对知识有足够的理解以正确回答问题。在此基础
上，可要求部分学生在遇到与此前阅读案例不同情况时，为客户
提供法律建议并解决问题，以实现知识的灵活应用。在分析层
级，可要求部分学生通过与其他案例的比较，更好地理解法院的
推理与分析。在整合层级，可要求部分学生基于此前的案例学

---

〔1〕　参见黎世法：《新时期高等学校异步教学改革思路》，载《湖北大学学报
（哲学社会科学版）》1999 年第 4 期。
〔2〕　参见黎世法：《异步教学法研究与实践 30 年》，载《课程·教材·教法》
2013 年第 9 期。

习、比对、分析，将所呈现的法律规则的实际应用规律、法院裁判规律整合成一个逻辑连贯的法律陈述。在最后的评价层级，当部分学生仍学有余力时，可要求该部分学生考虑所涉法律规则的社会功能，以及是否需要通过扩大或限缩解释，以更加契合社会需求。面对实践课程中的学情差异，应对方案自然是基于导师与学生专业背景的分组培养，分组依据应当是本硕结合、产教对接。如本科为经济学类专业的学生可在法律硕士培养阶段选择经济法务、涉外法务培养方向，并以金融法律实务、国际法律实务为就业导向；再如本科为理工类专业的学生，可在硕士阶段结合环境资源法务方向，并以政府法律事务为未来就业方向。[1]

---

〔1〕 参见郑春燕、王友健：《非法本法律硕士培养模式的体系性再造》，载《研究生教育研究》2020 年第 5 期。

百花园

Spring Garden

贯彻习近平法治思想加快我国涉外法治人才培养[*]

黄素梅[**]　孙昕文[***]

摘　要： 习主席指出应统筹推进国内法治和涉外法治，加强涉外法治人才培养。目前我国涉外法治人才短缺不仅源于部分高校对涉外法治人才培养不够重视，也由于培养机制存在缺陷。在贯彻习近平法治思想的前提下，高校应当加强对涉外法治人才培养的重视，创新培养模式，细化国际法相关课程分类并增加涉外实践平台，将理论与实践相结合，培养出高质量、不同类型的涉外法治人才，为中华民族的伟大复兴提供人才保障。

关键词： 依法治国　涉外法治　人才培养　培养机制

---

[*]　2020 年湖南省普通高等学校教学改革研究项目"卓越计划 2.0 下我省法治人才培养协同育人机制研究"（HNJG-2020-0513）、2021 年湖南省学位与研究生教学改革研究项目"我国法律硕士研究生分类培养模式研究"（2021JGYB164）。

[**]　黄素梅，法学博士，研究方向：国际法学与法学教育研究。
[***]　孙昕文，湖南科技大学法学与公共管理学院硕士研究生。

坚持中国特色社会主义道路是实现中华民族伟大复兴的必由之路，习近平法治思想的提出为我国统筹规划全面依法治国提供重要理论支持。其中，统筹推进国内法治和涉外法治是习近平法治思想的内在要求。正如习总书记所说，"要坚持统筹推进国内法治和涉外法治。要加快涉外法治工作战略布局，协调推进国内治理和国际治理，更好维护国家主权、安全、发展利益"。[1]

法治的实现离不开人的推进，在国际上履行大国责任更离不开涉外法治乃至于国际法治的背书。21 世纪的中国正面临百年未有之大变局，在国际局势日益波谲云诡的当下，各国合作、摩擦与日俱增，面对机遇和挑战，国家对涉外法治人才的需求日益增加。贯彻习近平法治思想，加强培养中国特色的涉外法治人才是目前我国的迫切需要和现实追求。

一、习近平法治思想中涉外法治的内涵

2018 年，我国正式成立中央全面依法治国委员会，将全面依法治国作为发展的顶层决策。此后连续三年，每年召开一次全面依法治国会议，在会议中明确我国建设法治国家的走向。2020 年 11 月，首次提出了"习近平法治思想"及其蕴含的十一个坚持，对我国治国理政、建设中国特色社会主义具有重大意义。习近平法治思想指出，要统筹推进国内法治和涉外法治，更有效地维护我国主权，促进发展。这是我国首次将涉外法治建设提升到与国内法治建设相同的地位上来，涉外法治人才培养再次备受瞩目。

（一）涉外法治思想的人类命运共同体理念

习近平法治思想的提出完善了我国依法治国、全面建成法治

---

〔1〕 习近平：《论坚持全面依法治国》，中央文献出版社 2020 年版。

国家的理论框架，也蕴含着人类命运共同体理念。"人类命运共同体理念不但具有丰富的国际法内涵，而且具有重大的国际法意义"。[1] 地球是全人类共同的家园，习近平总书记指出：人类命运共同体不仅是一句口号，其内涵包括了建设持久和平、普遍安全、共同繁荣、开放包容、绿色清洁的世界。[2] 涉外法治理论的正式提出为人类命运共同体提供了又一理论支持。

1. 维持和平安全的国际环境

"维持国际和平及安全"作为联合国的首要宗旨[3]，是目前世界各国在国际交往中必须遵守的原则之一。在涉外法治建设的过程中，当然需要遵循这一基本原则。当今世界国际争端仍在不断发生，为了维护持久和平，更应建立全球化的法治体系，依照相关法律有理有据地解决国际争端，更有利于各国发展及长治久安。建设持久和平、普遍安全的世界也正是基于这一宗旨提出的，对这一原则的维护充分表现出我国在维护国家主权安全、领土安全领域的期许和决心。

2. 打造共同繁荣的经济秩序

古代"丝绸之路"在世界各国经贸往来中起到了重要的桥梁作用，21世纪崭新的"一带一路"经济带的提出是对古丝绸之路的继承和发展。随着"一带一路"建设不断深入，我国经济发展体系也在逐渐改变。就目前世界局势而言，我国强调"一带一路"建设不仅是为了促进自身经济发展，也是为了与周边国家谋

---

〔1〕黄进：《习近平法治思想中的国际法治观》，载《武大国际法评论》2021年第1期。

〔2〕习近平：《共同构建人类命运共同体》，载《求是》2021年第1期。

〔3〕黄进、鲁洋：《习近平法治思想的国际法治意涵》，载《政法论坛》2021年第3期。

求共同的经济繁荣。同时，"一带一路"是国家间的顶层决策，将我国国内经济与世界经济紧密结合起来，在世界经济面临多种危机的今天，促进亚欧大陆国家之间、亚洲与美洲大陆国家之间经贸往来无疑有利于世界经济的进一步复苏。在此过程中，也为亚洲其他发展中国家提供了便利。新冠疫情冲击世界经济的当下，我国的经济活力可为世界经济提供前进的动力，世界经济的发展也将为我国带来更多机遇。涉外法治建设的提出无疑为"一带一路"经济带的实现提供了又一有力的保障，也为打造共同繁荣的世界提供了理论支持。

3. 确立相互尊重的大国关系

我国在国际交往中一直秉承着共建共享、和谐与共、共同进步的宗旨，对部分西方国家的霸权主义、强权政治坚决说不。人类命运共同体建设的前提必然是国家之间的相互尊重以及对领土、主权的互不干涉，这也符合我国提出的"和平共处五项原则"。在国际交往中，我国不提倡零和博弈，更不认为目前国家间的交往是"赢者通吃"的强权局势。习总书记倡导大国之间"平等交往""对话协商""合作共赢"的交往模式是其法治思想的重要组成部分。[1]

4. 建设可持续发展的生态环境

坚持可持续发展原则也是习总书记法治思想的重要内核之一。诚然，目前可持续发展原则暂未成为《联合国宪章》中的基本原则，但《2030 年可持续发展议程》的通过标志着可持续性发展原则的正确性和历史必然性。地球不是某个人的地球而是全人类的地球，在各国追求快速发展的同时，也不能忽视对绿色环境

---

〔1〕 习近平：《共同构建人类命运共同体》，载《求是》2021 年第 1 期。

的保护。在国际交往过程中，无论是碳中和的提出还是对国内环境的保护和重视都表明中国对可持续发展的坚定态度，这也与当今世界所倡导的全球生态环境发展轨迹相契合。

（二）习近平涉外法治思想中人才培养的内涵

1. 完善法学学科体系建设

在学科体系建设上，要旗帜鲜明地坚持马克思主义的指导地位，立足于建设中国特色社会主义的伟大实践。[1] 同时也应该认识到，我们国家的法学学科建设最终是为培养法治人才服务的，而法治人才又是中国特色社会主义法治国家建设的重要保障。因此，我国的法学学科应该是中国特色社会主义的法学学科建设，应该在建立学科体系的同时明确为谁教、教什么、教给谁、怎样教的问题，结合我国历史和现实国情打造合适的法学学科体系。

2. 利用学科齐全优势的高校教育

我国的高校大多属于综合性院校，涉及的专业多，人才自然也多。目前我国在世界范围内的政治、经济、文化等领域均面临困境，急需一批多元化的法治人才尤其是涉外法治人才在国际舞台上为中国发声，展示中国的法治理想。这就要求国内高校在进行法学教育时，不拘泥于法学单一学科的教学，而应将法学教育和其他关联学科结合起来，尤其是与英语以及小语种的结合，更有效地培养出优秀涉外法治人才，为中国涉外法治建设打下坚实的基础。

3. 精英辈出德法兼备的人才培养

习近平总书记从坚持、发展有中国特色的社会主义战略高度

---

〔1〕　董娟、李俐娇:《论习近平法治人才培养观》，载《哈尔滨学院学报》2019年第 7 期。

定位、布局，推动法治人才培养，明确提出全面推进依法治国，建设一支德才兼备的高素质法治队伍至关重要。[1] 在治国理政上，我国强调法治与德治相结合。涉外法治人才理所当然应兼具高尚的道德素养与良好的法治思维。这里的道德素养包括但不限于作为法律人的职业素养和为国为家的奉献精神，法治思维也不仅指传统的大陆法系法治思维，而是将英美法系和国际法治思维融会贯通的思维体系。只有将道德教育与法学教育两手抓，才能培养出有利于我国法治建设所需的人才。

4. 强调实践与学科教育相结合

习总书记在访问中国政法大学时强调，法学是实践性很强的学科，要处理好知识教学和实践教学的关系。[2] 就实际而言，国内的法学教育与实践的联系较为紧密，在学科教学的毕业要求中也基本涵盖实践要求。但在涉外领域，实践机会较少，这其实并不符合习近平法治思想的内涵。面对涉外法治建设的现实性要求，应同时注重域内外实践，培养具有国际思维和具有国际事务处理能力的涉外法治人才。

二、我国涉外法治人才培养的紧迫性及其要求

国家主权摩擦与领土争端频现，足见建设涉外法治体系的重要性。越来越多跨国公司的设立以及国家间频繁的经济往来，无一不体现出涉外法治在面临国际争端时的重要作用；与日俱增的国际知识产权侵权问题也昭示着建立全球化法治体系的必要性。

---

〔1〕 杨宗科：《习近平德法兼修高素质法治人才培养思想的科学内涵》，载《法学》2021 年第 1 期。

〔2〕 新华社：《习近平在中国政法大学考察》，载 http://www.xinhuanet.com/politics/ 2017-05/03/c_1120913310.htm。

面对复杂多变的国际环境，在我国快速发展的背景下无疑需要更多的涉外法治人才。涉外法治人才的培养不应流于表面，而应加快培养当下所需要的、紧缺的、可以为国家提供有力支持的人才。

（一）涉外法治人才的含义

我国法律相关人才的培养经历了长足发展，21 世纪初确定了卓越法律人才培养计划，此时国家的要求仍旧是"法律人才"。但随着我国法治建设的不断发展，中国日渐成为世界瞩目的大国，也承担了更多的国家责任。在这种情况下，单纯的"涉外法律人才"已无法满足我国在国际上对法学领域专业人才培养的需求，故而"涉外法治人才"这一概念被提出。涉外法治人才实际上是对涉外法律人才的进一步细化，将人才的培养与法治建设有机地结合在一起，进而达到全面建设法治国家目标。

1. 从法律人才到法治人才

我国学界对于培养法律人才的内涵，不同学者有不同的看法，有学者认为培养法律人才就是培养一批具备专业法律素质、优秀道德素养、全球逻辑视野以及优秀外语水平的人才。[1] 也有学者认为是"培养一批具有国际视野、通晓国际规则，能够参与国际法律事务和维护国家利益的涉外法律人才。"[2] 随着我国提出全面建设社会主义法治国家，单纯的法律人才已无法满足建设法治国家的要求，也无法在建设法治国家进程中起到重要推进作用。在习总书记将涉外法治与国内法治置于同等地位的今天，涉外法治人才的概念内涵也应当有所改变。

---

〔1〕　邓瑞平、唐海涛：《卓越涉外法律人才国际化培养略论》，载《法学教育研究》2013 年第 1 期。

〔2〕　张法连、李文龙：《我国涉外法治专业人才培养体系构建研究》，载《语言与法律研究》2019 年第 1 期。

党的第十八届中央委员会第四次全体会议首次提出涉外法治人才概念，其内涵为"通晓国际法律规则、善于处理涉外事务的涉外法治人才队伍"[1] 可见其核心并未有巨大的变动，但是其内涵有了明显不同。有学者认为，涉外法治人才相较于涉外法律人才而言，更具有主动性，强调的不仅是对法律事务的处理，还应在国际上为我国主动发声。[2]

2. 法律人才与法治人才的区别

笔者认为，法治人才区别于法律人才不限于主动性这一问题。将法律人才的培养要求和法治人才的培养要求进行比较，有着明显的不同。对于法律人才的要求为"参与"国际法律事务，但是对于法治人才的要求则是"通晓"法律规则以及"善于处理"涉外事务。可见，对于法治人才的专业素质要求实际上比对法律人才的专业素质要求更高。同时也可以看出，法治人才在专业知识、专业能力上有着更高的标准。传统的法律人才观已经越来越不适应全面依法治国的要求，实现从法律人才向法治人才的超越是必然的趋势和要求。[3] 也即法治人才与法律人才的不同不仅体现在专业素质的要求更为全面，对国际政策的掌握更加全面，也表现在面对国际问题时能够及时地为国家以及人民献言献策。

（二）我国涉外法治人才培养的迫切性

百年未有之大变革时代既存在着无数机遇也面临着许多挑

---

〔1〕 《中共中央关于全面推进依法治国若干重大问题的决定》，载 https://www.ccps.gov.cn/xytt/201812/t20181212_123256.shtml.

〔2〕 郭德香：《我国涉外法治人才培养模式探析》，载《浙江树人大学学报（人文社会科学版）》2021 年第 4 期。

〔3〕 邓世豹：《超越司法中心主义———面向全面实施依法治国的法治人才培养》，载《法学评论》2016 年第 4 期。

战，我国是世界上人口数量最多、进出口量最大、经济体量第二的大国，在主权、经济、文化等多个领域都存在大量需要涉外法治人才协助解决的问题。

1. 国家主权矛盾与领土争端频发亟须涉外法治人才

从钓鱼岛到南海，我国主权以及领土的完整性面临持续不断的争议。南海问题涉及六个国家，其相互间的主权、领土归属是南海问题的重要议题，一些西方国家的介入使得南海问题进一步复杂化、严峻化，仅利用外交手段已无法顺利圆满地解决南海问题。但若利用军事手段来解决，无疑不利于目前世界各国发展与长治久安，更不符合我国一直所倡导的"建设持久和平、普遍安全的世界"理念。所以我国亟须一批能够挣脱传统国内法学思维桎梏的涉外法治人才，熟悉运用国际法规则，最大程度增进全球海洋治理平等互信，[1] 在国际上为我国发声，结合国际局势为我国提供法治支援。

2. 贸易壁垒的破除亟待涉外法治人才

在经济全球化的今天，国际社会你中有我，我中有你。但随着复苏速度放缓，世界经济受到巨大冲击，新冠疫情的暴发更是雪上加霜。以美国为首的大国公然对我国企业进行打压，设立各种贸易壁垒。以华为公司为例，其 5G 技术虽然在世界范围内处于领先地位，但无论是美国亦还是其政治上的盟友均对华为进行了恶意制裁，并与我国展开了旷日持久的贸易战。在这场贸易战中，我国明显缺少能够制定规则，引导规则的法治人才，以至于在许多方面，仅能被动接受目前由西方国家制定的经济规则，而

---

〔1〕　刘洋、白燕云、姜义颖：《新时代背景下我国涉外海洋法治人才培养的战略选择》，载《中国水产》2021 年第 8 期。

不能处于主导地位。尽管我国已经加入《区域全面经济伙伴关系协定》，并积极准备加入《全面与进步跨太平洋伙伴关系协定》，但我国在反倾销、反补贴、国际税收征收等领域的执业律师人数仍旧不容乐观。我国目前是世界上第二大经济体，进出口贸易额居世界首位，经济领域的商事争端必然呈现增加态势，涉外法治人才的培养必须置于首位加以考虑。

3. 涉外知识产权保护急需更多涉外法治人才

作为目前世界上第二大经济体，我国每年知识产权的确权数量均为世界第一。2019 年，全世界专利申请数量为 322.42 万件，中国的专利申请数量为 140 万件，是第二名美国申请数量的近 2 倍。商标申请数量在世界范围内约为 1150 万件，涵盖 1520 万个类别。其中，中国的申请数量最多，涵盖了约 780 万类。第二名的美国仅包含 67.27 万类。[1] 同时，因为中国知识产权申请体系调整，申请数量下降，导致世界范围近十年内首次出现专利申请数量负增长。2020 年，在新冠疫情影响下，我国依然坚守创新精神，在专利板块新申请超过 150 万件（世界约 330 万），是第二名美国的 2.5 倍；在全世界商标申请超过 1340 万件，涵盖了 1720 万个类别的情况下，中国国家知识产权局申请活动数量最多。按类统计约 930 万，第二名的美国仅有 870 306。[2] 我国知识产权的创新数量在全球范围内位居前列，但在全球创新型国家排名中仅列第十五。我国涉外知识产权纠纷与日俱增，这就要求

---

〔1〕 《世界知识产权指标》报告：2019 年商标和工业品外观设计申请活动增加；专利申请呈现罕见的下降，载 https://www.wipo.int/pressroom/zh/articles/2020/article_0027.html。

〔2〕 《世界知识产权指标》报告：尽管有全球大流行病，2020 年全球商标申请量仍大幅攀升，载 https://www.wipo.int/pressroom/zh/articles/2021/article_0011.html。

我国在加入相关的国际组织后能够掌握国际规则，为我国企业"走出去"提供更加完善有效的保护。

（三）涉外法治人才应具备的素养

涉外法治建设被赋予重要意义，故涉外法治人才的培养也是重中之重，其所具备的素质主要包括三个方面。

1. 卓越的外国语言能力

涉外法治的根本是解决涉外法律纠纷，完善法治国家体系。涉外法治人才应具备较强的外语能力，尤其是随着"一带一路"经济带的建成，不仅需要精通英语，还需要精通日语、韩语、法语、德语、西班牙语等语言的涉外法治人才。同时，应该积极培养多语种人才，随着英语学习走进大众视野十几年，对语言的要求也在逐步提高，掌握多门外语的涉外法治人才能更好地维护国家和人民利益。

2. 善于运用国际法思维

我国法律制度受大陆法系影响深远，然而长期以来，世界上大多数国际规则是由英国、美国、澳大利亚、新加坡等发达国家主导和控制，英美法系的法律制度、法律思维被融入国际法律规则中。因此，我国培养的法治人才应当熟悉英美法系的法律价值体系及其立法依据和立法脉络，也应当知晓掌握规则不是目的，适用规则、维护自身权益才是目的。[1]

3. 具有爱国精神和家国情怀

涉外法治人才应具有高尚的品格，应有强烈的爱国精神和深厚的家国情怀，在国际争端发生时，能够运用所学所思所想为我

---

〔1〕　张晓君、吴曼嘉《论国际型法律人才培养》，载《法学教育研究》2013 年第 1 期。

国发声，积极维护国家主权和领土完整，为维护我国的合法利益尽自己最大的努力。

三、我国涉外法治人才培养机制的不足

有学者将涉外法治人才分类为国际规则制定的参与者、国际服务的提供者、全球公共事务的管理者（国际组织中的高层代表和具有影响力的管理者），国际法律理论变革的引领者和国际纠纷的裁决者。[1] 但目前对于这些不同种类涉外法治人才的培养尚未形成完整体系。

（一）部分高校对涉外法治人才培养重视不够

国内高校尤其是政法类高校涉外法治人才培养模式可归纳为三类：综合培养模式、特色试验班模式、专业复合模式[2] 以及中外合作办学。其中中外合作办学又分为两种：一是中外合作办学机构，如最早由教育部批准的中国政法大学中欧法学院，二是中外合作办学项目。这种"建制式"国际化法学教育形式极大地提升了我国法学教育国际化水平，[3] 但这种教学模式仅存在于我国部分高等院校。2021 年新设立了一批涉外法学方向的专业硕士点，但这也仅限于中国政法大学、中国人民大学、华东政法大学等国内顶尖高校。

目前国内法学院培养模式趋同化现象严重，仅少数院校基于学校的特色专业进行特色培养，例如南京审计大学因其审计特色

---

〔1〕 曾令良：《中国国际法学话语体系的当代构建》，载《中国社会科学》2011 年第 2 期。

〔2〕 韩永红、覃伟英：《面向"一带一路"需求的涉外法治人才培养——现状与展望》，载《中国法学教育研究》2019 年第 1 期。

〔3〕 杜承铭、柯静嘉：《论涉外法治人才国际化培养模式之创新》，载《现代大学教育》2017 年第 1 期。

在法学专业开设审计法等相关课程，并对审计法进入深入研究。这说明了部分专业类高校培养特色人才的决心。涉外法治人才的培养不应走同一条道路，对于涉外法学课程的开展也不应当局限于部分顶尖高校。对于国际法、国际私法以及国际经济法课程，目前仅将国际法列为专业基础课，另外两门学科则采取了学校自愿开设的原则，对于法律英语课程的开设更是没有详细的规定，导致部分高校仅仅依靠国际法这一课程培养学生的涉外法治思维，这是远远不够的。

此外，大部分高等院校法学专业缺乏相应的涉外实践培养环节，让学生觉得其离涉外法治建设距离遥远。部分高校认为涉外法治建设是"他人"的任务，对于涉外法治课程设置的自由度过高也表明我国涉外法治人才培养体系尚未与国家战略充分对接，涉外法治人才培养的体系建设与课程设置均不到位，各高校对涉外法治人才的培养仍不够重视。[1]

（二）课程体系安排存在不足

目前我国法学专业培养方案主要涉及的课程仍旧是国内法相关课程，仅有部分院校设立了涉外法学专业，且涉外法学专业的课程设置与安排也存在明显不足。

1. 国际法相关课程的笼统教授

在我国高校中，不仅存在不重视国际法课程的情况，也包含仅强调单一国际法学或"三国法"以及法律英语教学的情况。在教学过程中，没有将法律英语和国际法具体课程有机地结合在一起。此外，也存在着未妥善处理国际视野与中国视角关系的问

---

〔1〕　郭雳：《创新涉外卓越法治人才培养模式》，载《国家教育行政学院学报》2020 年第 12 期。

题，以至于部分学生缺乏这方面的认识，最终陷入"全西方式"思维的危险中。[1] 这在涉外法治人才的培养中均为重要缺陷，极有可能导致人才培养功能性的缺失，造成人才培养不到位、培养的人才实际上不为我国发声等后果。

2. 部分高校存在矫枉过正的问题

以某某大学的卓越人才法律实验班为例，为了在大学四年将所有的涉外课程教授完毕，卓越班选择放弃部分国内法课程或减少国内法相应课程的学时，以全面增加国际法学相关课程。然而，培养中国特色社会主义的涉外法治人才，其应然性要求为立足中国，着眼世界。现阶段过分将国内法学课程的学时减少乃至削减课程数量，会使学生在未学会我国本土法律体制的前提下接触西方法律制度，极有可能导致学生对西方法律制度的盲从。也可能导致其善于运用西方的法制思维，却不善于运用我国法律体制和法律逻辑，无法在参与规则制定的过程中将我国的法律思维融入其中，不能为我国涉外法治建设起到应有的作用。

（三）复合型人才培养不足

涉外人才培养模式趋同化导致人才同质化现象，不利于复合型涉外法治人才培养。

1. 使用"法律+语言"模式复合培养人才的高校较少

对外经济贸易大学采取了"法学+英语"的双学位培养模式，这种模式确实有利于涉外人才的培养。但是随着我国逐渐走进世界舞台的中央，单纯的"法律+英语"的模式实际上已经不能满足我国的发展需要。"一带一路"国家的语言也俨然成为重要的

---

[1] 贺赞：《涉外法治人才培养机制创新——以课程体系建设为中心》，载《中国法学教育研究》2017 年第 2 期。

学习内容之一，熟知日语、韩语的涉外法治人才也因日韩与我国地理位置临近、经济贸易、人员往来来往频繁而导致需求量更大。同时，联合国其他官方语言，尤其是法语的需求也更多。但是目前我国国内仍没有就"法律+语言"对学生进行系统培养。

2. 其他学科与法学的复合教育罕见

针对复杂的涉外法治问题，所涉及的知识是方方面面的。知识产权领域涉及理工科的专业领域，对工业电路图、化学分子式的理解等都需要十分专业的知识；法治体系的建设不仅需要精通法律，而且要熟知历史；国际经贸冲突的解决不仅需要法律专业知识，更需要国际贸易相关知识；国际课税的处理更是需要掌握国际税收政策、双边税收协定、国际财会等知识。因此，在完善培养涉外法治人才的体系时，应当加大法学专业与其他专业结合的复合型人才培养力度。

（四）涉外实践培养环节存在缺陷

所谓的复合型人才不仅仅是学科上的复合也是实践能力和科研能力的复合。我国传统的法律教育以传授法律知识为主，忽视学生对法律知识灵活运用能力的培养。[1]

1. 涉外赛事具有地域局限性

现阶段的国内法学教育已经形成了较为完善的培养体系，具备诸多可以参与的赛事，在全国有大型的模拟法庭竞赛、公诉人竞赛等，在省份范围内也常举办法律辩论赛、模拟法庭竞赛等赛事，供学生了解我国真实的诉讼程序，在最大程度上提前接触真实的司法环境，做到实践和知识相结合，在知识的运用中体会实

---

〔1〕　易卫中、黄素梅：《高校卓越法律人才培养模式改革研究》，载《怀化学院学报》2013年第12期。

践，在实践中学习、把握知识。

但是在涉外人才的培养方面的实践有较为明显的不足之处。目前并非没有与世界组织对接的实习，也并非没有世界性质的赛事，但是这类赛事的举办大多集中在北京、上海等大型城市中的高等院校。我国教育本身就存在地域性差异，涉外法治建设是长期性的，对涉外法治人才的培养也是长期的，涉外法律赛事局限于在大型城市举行并不利于人才的培养。

2. 涉外实践教学投入力度不足

欧美的许多院校已经与国际组织形成有效的人才流动和输送机制。目前我国远程教育输出正处于探索阶段，[1] 将所有的学生送到涉外组织和机构进行实习明显是不现实的。实际教学中涉外实践培养环节不多，涉外实践教学投入力度不足，导致我国在世界贸易组织、海牙国际常设仲裁法院和解决投资争端国际中心等组织任职人数与我国人口数量不成正比。

四、我国涉外法治人才培养的路径

全面依法治国离不开对涉外法治人才的培养。习总书记在考察中国政法大学时提出要志存高远，培养卓越法治人才。我国在法治人才的培养上始终认为人才是治国理政的基石。面对人才培养机制中存在的问题，应当积极探索解决措施，创新培养路径，为全面推进国内外法治建设提供人才保障。

（一）加强涉外法治人才培养的重视程度

习近平总书记提出应统筹推进国内法治和涉外法治，为更好

---

〔1〕 谢安邦、焦磊：《中国高等教育的对外开放与发展——加入 WTO 以来的回顾与思考》，载《教师教育研究》2010 年第 5 期。

地建设中国特色主义法治国家提供重要保证，在考察中国政法大学时明确提出法学学科体系建设的重要性。

1. 完善学科体系建设

正如学者黄进[1]所说，应当完善我国的学科体系建设，从国家层面加强对国际法学科的教育，而不是仅仅强调各个高校应当重视国际法学教育。国际法学的教育在我国起步并不算晚，但是其间经历过一次重要变革，导致我国的国际法学学科建设至少停滞不前十几年。在此期间，本就比我们率先发展的西方国家更是抓住了全球化的机遇，抢先实现了法学教育的全球化。纽约大学通过霍瑟全球法学院项目已经实现了将法学教育融入全球化进程的目标。西方法学教育文化与我国国内存在较为明显的不同，但是其教育全球化的进程依然值得我们学习和思考。在我国强调涉外法治的今天，应当重视相关的国际规则的适用性学习和国际法学的教育。在我国的国际法教育中也应适当学习美国等法学教育中先进的发展思路，将课程组织和学生的实践范围放长远，着眼全球，培养立足中国、放眼世界的涉外法治人才。

2. 由被动接受转变为主动探索

国内高校应当转变视角，改变被动接受的态度，主动探索新时代涉外法治人才的培养途径和培养机制。中国授予法学本科学位的高校有几百所，可以授予硕士学位和博士学位的院校也为数不少，众人拾柴火焰高，各个高校应改变自身仅服从相关规定，被动进行国际法学教育的情况，主动进行适合自身院校实际情况的探索。从客观角度来说，我国的院校众多，相对应的专业性院

---

[1] 黄进：《完善法学学科体系，创新涉外法治人才培养机制》，载《国际法研究》2020年第3期。

校也很多。但是，在课程设置方面若仅为了完成相应教学任务，对于人才的培养是没有任何益处的。专业领域的院校可以在开设法律英语的前提下，开展其专业领域与法律英语交叉的英语教学，在最大程度上为涉外法治人才的培养提供有利条件。化被动为主动才可以更好地将相关专业与法学以及涉外法治结合在一起，培养出多层次、多角度的涉外法治人才。

3. 给与国际法专业应有的重视

在法学本科课程安排上，至少应当将"三国法"以及法律英语的相关课程安排进培养方案中。此外，也可以在校内举行涉外方向的法律竞赛，例如法律英语文书大赛、英语模拟法庭竞赛。鼓励学生积极参与国内、国际的法学赛事，将赛事表现列入第二课堂的评分之中，以更好地激发学生参与竞赛和国际法学习的兴趣，达到重视国际法以及涉外法治教育目的。

（二）优化国际法学科教学体系

习总书记强调，高校应该利用其学科齐全的优势，加强对法治问题的研究。在现阶段，我国多数院校的国际法教学体系并不完善，应对存在的问题一分为二地进行分析，进而提出相应的解决方法。

1. 细化国际法领域内的学科分类

法学专业教育是一个系统工程，无论是国内法学还是国际法学都应齐头并进，才能推动法学教育走向成功。但目前而言，我国对国际法学的重视程度不如国内各部门法学。[1] 国际法课程不应局限于"三国法"这一框架，可以细化为国际法一般理论、

---

〔1〕 黄素梅、赵海敏：《"卓越计划" 2.0 下法学教育内部协调性研究》，载《当代教育理论与实践》2021 年第 5 期。

国际海洋法、反倾销法、反垄断法、国际税法、国际贸易法、国际知识产权法等诸多内容。在课程设置过程中，由于对国际法相关课程学时投入较少，对于内容复杂的国际税法板块甚至只使用两节课就完成所有内容的教学工作。这在本质上与国际法以及国际经济法的复杂性背道而驰，也不容易培养同学们对于国际法的兴趣，进而造成涉外法治人才"种子"难培养的后果。此外，开设比较法等课程，在了解国内法治体系的同时与国外法律体制进行比较，有利于中国特色社会主义的法治建设，以及国际规则的运用。

2. 兼顾国内外法治培养

国内法教育是培养涉外法治人才的基础。盲目减少国内法学课程，并不是很好的选择。在探索教育的过程中，可以学习医学生的培养模式，如上海交通大学的"3+3"模式，将本科教育和硕士教育连接起来，节约真正有意向、有能力考研或保研学生的成本，使其将更多的精力投入法学学习中去。在本科进行常规的通识教育、国内法学基本框架的搭建，引入部分国际法课程，随后在研究生阶段专门进行国际法方向的培养。既能在最大程度上使人才培养贯通国内国外两方面，又能培养真正的涉外法治人才。也可以在本科阶段将国内卓越人才培养与涉外卓越人才的培养分离开来，在面对不同的就业和培养方向时，学生可以自行选择或由学校根据学生成绩和相关表现进行分流，针对本身就对涉外法治有兴趣的学生进行专门培养，在通识教育和基本框架搭建完成后，通过开设比较法学课程来开拓学生的视野，使其了解西方法治思维和英美法系的法治理念。

3. 加强跨法系双学位人才培养

完善国际法学的教育不能固步自封，应该积极探索共同发展，在人类命运共同体的前提下，学习他国已经被证实的先进经验也可以更好地发展我国的法治教育。美国康奈尔大学与德国、法国大学的双学位课程就是两国合作办学的优秀经验，将大陆法系的法学教育同英美法系的法学教育结合起来，培养更具国际视野，通晓两大法系利弊的法治人才。中国政法大学早先开办的中欧法学院正是满足国内这一要求的探索先驱，应当学习中国政法大学的先进经验，加强跨法系院校的合作，增设跨法系双学位，更好实现法治人才的涉外培养。

（三）创新复合型涉外法治人才培养模式

复合型涉外法治人才是我国实现涉外法治框架搭设的重要执行人，习总书记指出，法治领域不能人才辈出，全面依法治国就不可能做好。所以应当探索适合各个院校的培养模式，形成百花齐放的教育态势。

1. "法律+语言"模式

英语作为目前世界的通用语言，在强调涉外法治建设的同时也必须强调通晓英语语言的重要性，但也正如上文所述，"法律+语言"模式下的语言所指的并非单一的英语，而是涵盖各种语言。无论是法语的学习以适应联合国事务的办理，还是"一带一路"经济带上协同发展国家语言的学习，都符合我国发展需要的。

2. "法律+经济+语言"模式

随着我国经济的不断发展，我国的进出口量均位居世界前列，在我们国家强调"引进来""走出去"的情况下，相应的贸易摩擦和经济冲突必然会越演越烈。与此同时，"一带一路"建设也使得沿途国家经济交往更为紧密，应大力培养相应法治人才，在世界范围内参与规则制定和仲裁调解，以保证我国利益。

3.“法律+理工科+语言”模式

我国的知识产权申请量连续多年位居世界第一位，这之中不仅有商标类的知识产权，更为重要也数量巨大的是专利，尤其是与集成电路相关的专利。然而在大多数场景下，若想申请这些专利，需要有理工科学习的背景，应当熟知至少了解该知识产权的构成。但在实践中，这种人才的缺失十分严重。尽管知识产权确实具有地域性的特征，但是涉及专利、集成电路等高端行业的知识产权，其保密性受到严重挑战。目前，我国大量企业的知识产权被侵犯却苦于难以维权导致巨大损失。因此，“法律+理工科+语言”的模式应该被纳入涉外法治人才培养体系中。

4.“法律+行政+语言”模式

此处所说的行政主要是指在国际上的行政机关进行任职，目前国际上的组织以联合国为主，涉及多个领域，关系到人类生活的方方面面。但是我国在联合国任职的人数确实较少。尽管我国目前已经设立“联合国实习奖学金”，但是进入联合国实习的人才依旧不多。在涉外人才培养中也应该加强对这一部分人才的培养，向联合国等国际组织输送人才，更好地加强我国涉外法治建设，提高我国在国际上的影响力和话语权。

（四）加强涉外实践教育环节

习总书记在中国政法大学的讲话中指出，法学学科是实践性很强的学科，法学教育要处理好知识教学和实践教学的关系。自从哈佛大学（Harvard University）的兰德尔（C. C. Langdell）创造了普通法课程体系，美国法学教育就将法学职业教育与大学教育紧密联系起来。[1] 就我国而言，复合型人才除了要掌握牢固的法学基础理论知识外，也必须具备较强的法律实务能力，这主要通过强化实践应用训练得以实现。[2]

1. 模拟涉外实践平台

我国的人口基数大，培养的人才数量相对而言也较多，故而可以引进优秀的涉外实践案例，采取全英文教学的模式，在学校内部模拟国际仲裁、国际诉讼等国际司法程序，为实践和教学搭建新的桥梁。

2. 增加涉外法律赛事数量

在全国范围内增加涉外法律赛事数量。上海已经率先举办过世界级别的模拟法庭赛事，模拟联合国的比赛也在全国层面和各个省份之中开展，但是真正的涉外法学类别的赛事仍旧主要集中在沿海或大型城市以及知名法学院校中。涉外法治人才的培养实际上应逐渐成为常态，应当将涉外法律文书比赛、相关涉外仲裁模拟比赛、国际模拟法庭比赛在全国高校中铺开。

五、小结

习近平法治思想成为我国全面依法治国的纲领性思想，人类命运共同体理念深入人心。随着"一带一路"倡议的高质量推进，通过开放交流、对外协商、对话合作，不断提高自身的国际影响力和国际话语权，我国在世界上逐步成为主角，涉外法治的建设刻不容缓。因此，在强调涉外法治和国内法治统筹兼顾的同

---

〔1〕 "White. J. P. Rethinking the Program of Legal Education: A New Program for the New Millennium", *Tulsa Law Journal*, 2000（36）: 397-344.

〔2〕 黄素梅：《论复合型、应用型法律人才培养中的多元化实训》，载《湖南人文科技学院学报》2016 年第 2 期。

时也应改变传统的人才培养模式，将涉外法治人才真正纳入高校培养体系之中，加强涉外法治人才的系统性、常规化培养，面对主权、领土摩擦以及不公平的制裁政策和贸易壁垒等问题时，可以更好地维护我国国家利益。

分析法学：五个误解

高　宇*

摘　要： 分析法学是法学三大经典流派之一，在法理学中占据重要地位。然而，由于诸多原因，当下法学界对分析法学却存在广泛的误解，构建了一幅偏颇乃至错误的分析法学图景，这不仅对法理学以及部门法学与分析法学关系产生错误认识，更导致中国法学内部分析法学与社科法学之间的无谓争论与学术乱象。其中最典型的五个误解包括：分析法学等同于或必然蕴涵法律实证主义；分析法学等同于概念法学；分析法学关心的是语词意义或概念而非实在对象；分析法学在性质上是先验的或逻辑主义的而非经验性的；分析法学在方法论上是一元而非多元的。澄清这些误解，有利于摆正分析法学在法学中的位置，形成对当下法理学结构的新理解，

---

*　高宇，清华大学法学院博士，研究方向：法理学、法哲学。

从而发挥分析法学在法学教育中的积极价值。

关键词：分析法学　实证主义　语言分析　概念分析

19世纪以来，分析法学与自然法学、社会法学并称为法学三大经典流派。按照流行说法，分析法学关心法律的概念，自然法学追求法律的正当，社会法学探究法律的功能，三者分别涉及法律的逻辑、价值与事实等不同维度。尽管所谓的综合法学派试图综合三家，但这种努力并没有成功，三派长时间以来一直自行其是。这三大流派进入中国法学界至今，基本格局已发生很大变化。其中，社会法学影响颇大，不仅成为部门法研究的重要力量，更是形成与教义法学分庭抗礼的社科法学。自然法学则由于其固有的世俗超越性始终难以被主流法学界接受，更不必说能够产生真正持久的影响，如今主要局限于少数学院派的纯理论研究。分析法学倒没有像自然法学这般为人忽视，作为现代法理学的正统分支，它一直受到关注与研究。从理论逻辑上看，分析法学可以说是教义法学的哲学延伸，构成其一般理论或元理论。正是由于这种亲缘关系，比起社科法学，教义法学对待分析法学的态度更加友好。

但与此同时，同样显见的一点在于，这些年随着分析法学逐渐的专门化与技术化，分析法学也在逐步沦为自绝于世的经院学术，许多人指责分析法学几乎完全脱离经验与实践，离部门法学越来越远。对于这种指责，分析法学自身当然难辞其咎，但更值得分析的是，尽管分析法学是三大经典流派之一，中国法学界对分析法学却也一直存在种种误解。特别是分析法学晚近以来已然发生了很大变化，对于这些变化，除了部分法理学者在持续跟进，主流法学界似乎关注不够。笔者发现，法学界对分析法学至少存在五个基本误解，这些误解构建了一幅偏颇乃至错误的分析法学图景，这不仅产生对法理学以及部门法学与分析法学关系的错误认识，更导致中国法理学内部分析法学与社科法学之间的无谓争论与学术乱象。本文的目的就在于一一澄清这些误解，还原分析法学的真实样貌，并思考今天的中国法学界究竟应如何对待分析法学。

一、实证主义？

法学界对分析法学的一个流行误解就是把分析法学等同于法律实证主义，或者认为分析法学必然蕴涵法律实证主义。这种误解与分析法学的起源有关。一般认为奥斯丁创立了分析法学，他主张法理学的主要任务是对各个法体系所共有的那些一般法律概念展开逻辑分析。与此同时，奥斯丁也严厉批评了传统自然法学，把法学对象限定于实在法，并明确提出"恶法亦法"的口号。奥斯丁还进一步指出，对法律存在两种态度，一种是客观中立的描述，一种是基于道德的批评，前者就是分析法学，后者则属于伦理学。这样，奥斯丁就把分析法学与法律实证主义立场紧密结合在一起了，从而有了"分析实证主义"这种提法，甚至把分析法学与实证主义等同的做法。[1]

即使如此，分析法学与法律实证主义依然是根本上不同的范畴，前者是指以分析方法为核心所形成的一种法学研究范式或流派，后者则是指在法律与道德关系问题上的特定立场。法律实证

---

〔1〕 但必须指出，边沁作为分析法学真正的先驱，一方面区分说明性法理学与评判性法理学，另一方面他最重视的却是评判性法理学，参见 [美] 杰拉德·波斯特玛：《边沁与普通法传统》，徐同远译，法律出版社 2014 年版，第 335~339 页。

主义的核心命题是所谓社会事实命题与分离命题。根据社会事实命题，法律在本质上是一种社会事实；按照分离命题，法律与道德不存在必然联系。这两个命题共同表达了一种特定的法律观方面的立场，简单说就是"恶法亦法"。法律实证主义仅仅表达了一种反形而上学或反超验论的经验主义立场，从而也必然是为许多学者共同持有的一种基本立场。社会法学家就经常持有实证主义立场，把法律当作一种单纯的社会事实来研究，很多部门法学者也是如此。所以有学者指出，一个单纯的法律实证主义者并不算一个法学家。[1] 正是由于这种理论层面的稀薄性与宽泛性，很难说它构成一种法学流派，当然也就难以将之与分析法学画上等号。

　　至于说分析法学必然蕴涵实证主义立场，这在传统上大致是成立的。但随着当代分析法学日益融入分析哲学，它已渐渐从方法而非立场的角度来建立自身的身份认同：用分析方法研究法律是什么这一基本问题，就是分析法学。[2] 由此，当代分析法学就不仅包含实证主义立场，也可以持有非实证主义立场，它在任何法理问题上都没有必要与特定的立场捆绑在一起。我们知道，现代分析法学受到分析哲学的强烈影响，而分析哲学就是典型的基于哲学方法论而发生的哲学范式变革。弗雷格与罗素将数理逻辑引入哲学分析从而开启哲学的语言转向，后期维特根斯坦与牛津学派则通过日常语言分析推进了分析哲学的发展，方法变革始

―――――――――

〔1〕　See Leslie Green and Thomas Adams, *Legal Positivism*, The Stanford Encyclopedia of Philosophy（Winter 2019 Edition）, Edward N. Zalta（ed.）, available at https: // plato. stanford. edu/archives/win2019/entries/legal-positivism/.

〔2〕　See Jules L. Coleman, "*What is Legal Philosophy*?（1977）. Faculty Scholarship Series", available at http: //digitalcommons. law. yale. edu/fss_papers/4205; Robert Alexy, *The Nature of Legal Philosophy*, 17 Ratio Juris（2004）, pp. 158-159.

终是分析哲学的主线。这些哲学家在具体的哲学问题上可能持有相反的立场，但这并不妨碍他们都被称为分析哲学家，分析哲学并不与特定的哲学立场相联系。当分析哲学成为英美主流哲学，法律哲学也就渐渐成为分析的法律哲学，再将分析法学局限于法律实证主义已然不合时宜。

众所周知，当代英美分析法学最核心的理论线索就是所谓"哈特与德沃金之争"，也即实证主义与非实证主义之争。实证主义与非实证主义的争论主要就是围绕社会事实命题与分离命题展开的，前者否定法律与道德存在必然联系，后者则肯定这种必然联系。为了证成各自的命题，他们分别提出了一系列论证，并针对对方的论证提出反驳。其中，实证主义内部出现排他性实证主义与包容性实证主义的分野，非实证主义亦出现强自然法与弱自然法的区分。[1] 这里的自然法理论已经不是传统上作为伦理学或道德理论的自然法，而是围绕法律与道德关系形成的与实证主义针锋相对的一种特定的法理命题。强自然法主张法律与道德之间存在效力层面的必然联系，支持"恶法非法"；弱自然法则退一步承认恶法亦法，否认法律与道德之间存在效力层面的必然联系，但同时主张法律与道德之间存在品性上的必然联系，认为恶法虽然是法律但却属于有缺陷的法律（defective law）。以分离命题为中心，实证主义与非实证主义在关于法概念、法律权利、法律义务、法律规范性、法律原则、法律渊源等诸多基本法理问题上存在分歧。这种争论之所以可能，就是因为双方处在同一平台上，针对的是相同的问题。他们运用的方法也都基本相同，也就是注重逻辑演绎与概念分析（这也是分析哲学共享的方法），他

---

〔1〕 See Mark Murphy, "Natural law jurisprudence", 9 *Legal Theory* (2003), p. 242.

们仅仅在结论上不同，采纳了不同的立场。这样，双方实际上处于同一种法理学范式当中，都属于分析法学，那种把分析法学与实证主义捆绑在一起的想法显然是无视当代分析法学真实实践的结果。传统上，分析法学与自然法学属于两个流派，奥斯丁的分析法学聚焦于国家法体系的基本法律概念，其主要的方法是逻辑与概念分析，自然法学则是关于国家法之上的"高级法"的道德理论，主要方法是传统形而上学的思辨与综合。但当代法学中的自然法理论已经成为地道的法理学，研究的基本问题及主要方法已无异于分析法学，事实上就是分析法学的一部分。[1] 现如今，当代分析法学受到分析哲学的影响越来越深，渐渐成为分析哲学的一个分支，在这种情况下，如果我们不根据分析哲学的范式去理解分析法学，对分析法学的晚近发展就根本难以理解。

二、概念法学？

第二个误解是混淆分析法学与概念法学，或者认为分析法学深受概念法学影响并分享后者的一些基本教义。概念法学由德国19世纪的历史法学发展而来，又被称为"潘德克顿法学"，分析法学之所以有时被误以为与概念法学具有内在联系，和二者表面上的相似之处自然不无关联。[2] 首先，二者似乎都持有法律实证主义立场，把国家实证法置于突出的法源地位。此外，边沁与奥斯丁的法律命令论预设了一种意志论，而德国概念法学也是以

---

〔1〕 See Mark Murphy, "Natural law jurisprudence", 9 *Legal Theory* (2003), p. 241; 萨摩斯在讨论新分析法学的源流的文章中就直接把德沃金视为新分析法学的代表人物之一，see Robert S. Summers, "The New Analytical Jurists", 41 *New York University Law Review* (1966), p. 863.

〔2〕 关于概念法学的基本特征，参见杨仁寿：《法学方法论》，中国政法大学出版社1999年版，第68页。

国家意志论为基础。其次，二者都把法律概念作为基本的研究对象，推崇概念与逻辑分析的方法，追求数学般的精确性与严密性，并试图提供体系化的一般性理论。而且，大陆法系的学者很容易主张，唯有当法律体系是一个自洽的封闭体系，才存在逻辑分析的真正空间。再次，正是由于对象与方法上的一致，二者似乎都属于无关经验研究的纯粹逻辑的、先验的思辨活动。事实上，有些学者认为奥斯丁明确受过概念法学的影响。最后，众所周知，中国法学界一直存在教义法学与社科法学的争论，许多人误以为今天的教义法学在本质上仍然是概念法学。分析法学研究的是法体系的基本法律概念，被视为教义法学的元理论，如果说教义法学就是概念法学，那么分析法学自然也就与概念法学存在必然联系。

概念法学假定法律概念是一种封闭自足的理想概念，这种概念完全可以通过充分必要条件加以界定，使得在具体案件里一个法律概念适用与否可以清晰地加以确定。进一步讲，由这种法律概念组合而成的法律规则本身也是封闭自足的理想规则，在具体案件中的适用亦不存在争议。在此基础上，法官的裁判也就是基于形式逻辑的简单的三段论推理，司法活动成了某种"自动装置"或"自动售货机"。然而这种法律概念观是错误的，作为人类而非上帝的立法者不可能预先想好一个法律概念适用的所有情况，社会生活的复杂性与变动性决定了法律概念不可能具有数学概念那样的精确性。对概念结构的科学研究已经表明，多数概念无法仅仅根据充要条件就能穷尽所有的外延，许多概念甚至不存在充要条件。认知科学研究发现，概念结构的定义论模型无法说明人类分类行为的典型效应，相比之下，范例论或原型论对概念结构的解释更符合人类的认知实际。[1]

　　熟悉新分析法学的人知道，概念法学的这些基本教义，无论是其概念观、规则观还是司法观，都遭到了哈特的明确批判与拒绝。早在 1954 年的著名演讲《法理学中的定义与理论》中，哈特就专门指出，传统的定义模式并不适用于许多基本的法律概念，只有细致地考察法律术语的语境与用法才能避免定义模式带来的困扰。新分析法学大大受益于后期维特根斯坦与牛津日常语言学派，新分析法学之"新"正是在于充分吸收与利用了当时语言哲学的洞见与方法，让传统法理学焕然一新。日常语言哲学在概念观上的基本思想就是反对传统的定义论模型，认为概念的意义取决于具体多样的实践与用法。维特根斯坦认为许多概念属于"家族相似概念"，这些概念所指称的诸情形之间不存在绝对普遍的共性，而只有局部的相似性，这种唯名论观念同样也为牛津学派共享。[2]哈特在《法律的概念》开篇即再一次明确拒绝了定义论思维，突出情境与语用分析。在分析法律规则的特征时，哈特引入了语言哲学里的"开放结构"观念，法律概念就具有这种开放结构，概念的中心是清楚而边缘则是模糊的。由于开放结构的存在，法律概念的适用就总是存在模糊地带，而非定义论模式设想的那般泾渭分明。因此，法律规则同样是开放而非封闭的，任何一条规则的创立者都不可能穷尽未来可能出现的所有有关规则适用的情形。这也意味着，司法活动不可能总是基于形式逻辑的三段论，在概念与规则适用模糊的地带，法官必然，也应当行

---

〔1〕 See Eric Margolis, Stephen Laurence, *Concepts*, The Stanford Encyclopedia of Philosophy (Spring 2021 Edition), Edward N. Zalta (ed.), available at https://plato. stanford. edu/archives/spr2021/entries/concepts/.

〔2〕 参见陈嘉映：《语言哲学》，北京大学出版社 2003 年版，第 214~215 页。

使自由裁量权。基于对人类有限性与客观现实的深刻洞察，哈特认为法律总是具有开放结构，摆脱法律漏洞的完美的法体系仅仅是一种幻想。法律永远是部分地不确定的或不完整的，法官总是会遭遇法律未曾明文规定的案件，法律在一定程度上限制着法官的自由裁量权，但同时也必须承认这种自由裁量权，承认法官造法的事实与权力。

事实上，即使是早期分析法学也没有蕴涵概念法学的那些概念观与法律观。边沁在语言观与分析方法上的造诣与创新是公认的，他因此被视为分析哲学的"先驱"。边沁洞见到传统的种差加属的定义模式不适于分析权利义务等基本法律概念，不仅提出"语境原则"，强调在词的使用即句子中考察词义，还提出了一种"释义法"，即把该词所参与组成的整个句子转释成另一个更简单清晰的句子。[1] 奥斯丁也没有对概念做理想化的绝对理解，而是对概念的具体使用极其敏感。奥斯丁亦明确认为大量传统法哲学问题源于语词的误用，在《法理学的范围》一书中他通过详尽的概念分析尤其是语用分析，澄清了诸多法哲学难题。边沁和奥斯丁虽然与概念法学都运用概念分析的方法，但二者还存在一个重要差别：概念法学的概念分析预设了一套逻辑完备的基本框架，分析活动只能在框架内运作，分析法学的概念分析并没有这种制度约束，而仅仅遵循事物本身的逻辑。诚然，边沁与奥斯丁认为法律是主权者的命令，这是一种法律意志论。然而，这种意志论并没有极端到德国意志论的那种地步。根据后者，"当法官适用法律时，法律总是对立法者意志预先所作出的完善规定，而法官的任务则不过是将特定的个案置于描述预先确定的法律规则

---

〔1〕 参见〔英〕边沁：《政府片论》，沈叔平等译，商务印书馆 1997 年版，第 22 页。

一般命题之下而已。"[1] 奥斯丁并不认为法律是个完备的逻辑体系，法官也不是"自动贩卖机"，事实上他看到法官经常在造法。正如哈特指出的，奥斯丁并非批评法官造法，而是批评法官未按照功利主义原则造法。边沁与奥斯丁都信奉功利主义伦理，区分对法律的价值中立的研究与价值批判，积极主张遵循功利主义的法律改革。即便奥斯丁受过德国法教义学的影响，但这仍然不能在其与概念法学之间建立必然联系。事实上，后来批判概念法学的耶林与赫克的利益法学反倒是受到边沁功利主义的强烈影响。

三、语词，而非对象?

认为分析法学关心的仅仅是语词的意义而非对象或事物本身，是对分析法学的一个广泛而重大的误解。令人惊讶的是，这一误解竟出现在专业的法理学领域内部，甚至一些知名法理学家（如德沃金）也持有这种观念。如果分析法学仅仅探究法律词的定义或用法，它事实上就成了某种语义学。众所周知，德沃金就把哈特的分析法学视为一种"标准语义学"，并声称要拔掉这根"语义学之刺"。而 Timothy A. O. Endicott 甚至认为任何一种法理论都是某种语义学，因为法理论总要涉及对法律语义的探究。[2]一旦把分析法学限定于语词分析，人们就很容易斥之为琐碎的、无趣的甚至无意义的工作。

这种误解之所以产生，部分是因为分析法学的许多工作的确是在分析语词的意义。奥斯丁正是通过"法"这个语词的多重涵

---

〔1〕　［英］哈特：《法理学与哲学论文集》，支振锋译，法律出版社 2005 年版，第 288 页。

〔2〕　See Timothy A. O. Endicott, *Herbert Hart and the Semantic Sting*, 4 Legal Theory (1998), pp. 283-300.

义的细致澄清，区分了"准确意义的法"与"并非准确意义的法"，划定了法学研究的范围。奥斯丁也是通过对"规则""命令""义务""制裁"等相互联系的术语的语义辨析，界定了"准确意义的法"，并进一步考察"主权""政治优势者""独立政治社会"等概念，给出了"实际存在的由人制定的法"的说明。此类的确容易诱导人们视分析法学仅仅为语词分析。然而，奥斯丁真正关心的不是语词，而是对象。他试图抓住法律规则的本质（essence）或性质（nature），试图通过揭示法律的特征以将法律与其他由于各种原因和法律相互联系甚至"相互纠缠"的社会现象区分开来。奥斯丁认为出现这些混淆的主要原因在于"法"这个词的复杂用法，因此语义分析当然是不可或缺的，但我们真正研究的却是社会现象本身而非语词涵义。[1]

哈特的新分析法学虽然复兴了法理学研究，但同时也进一步固化了上述误解，因为这种误解最深刻的来源正是如下观念，即新分析法学由哲学的"语言转向"推动而成，是法理学"语言转向"的结果。一般认为，西方哲学经历了从本体论到认识论再到语言哲学的范式变迁，语言转向之后，语言成了哲学的中心主题，语言分析也成了主要的哲学方法。哲学家通常把维特根斯坦视为语言转向的关键人物，按照维特根斯坦哲学的基本观点，哲学问题主要源于语词的误用，形而上学由一些无意义的句子构成，哲学的工作就在于通过对词的用法的考察来澄清、消除困惑。牛津日常语言哲学继承并发挥了维特根斯坦的基本思想，推

---

〔1〕　参见〔英〕约翰·奥斯丁：《法理学的范围》，刘星译，中国法制出版社2001 年版，第 3~5 页。

进了哲学的语言转向。[1] 哈特不仅对语言转向非常敏感，而且积极运用日常语言哲学的洞见与方法分析法理问题。哈特在《法律的概念》序言里指出，自己在书中许多地方都提出了关于语词意义的问题与分析，例如"被迫"与"有义务"的区别，关于法律规则效力的陈述与对法官行为的预测的区别，说一个群体遵守规则与说群体成员按照习惯做事的区别等。所以有人认为《法律的概念》只是进行了"语言学分析"，它是语义学著作。[2] 然而和奥斯丁一样，哈特也明确指出自己关心的不是语词，而是现象。哈特关心的是法律这种社会现象的特征，及其与强制、道德之间的复杂关系，试图描述法律这个社会制度或现象的"一般形式"与"独特结构"，因而将自己的工作视为一种"描述社会学"。"本书的目的不在提供一种作为规则的，对于'法律'这个概念的定义，使得人们可以把这个定义当成一项规则来检验'法律'这个语词是否正确地被使用。"[3] 说到底，哈特关心的是"法律是什么"这一根本的法理问题。法律是什么这一问题之所以长久以来引发困惑，一个基本原因在于法律具有规范性。法律不是纯粹的事实层面的东西，而是一种能够为法体系成员提供行动理由的社会规范。法律赋予权利、施予义务，指导行动、主张

〔1〕　See P. M. S. Hacker, "Analytic Philosophy: Beyond the linguistic turn and back again", in The Analytic Turn: Analysis in Early Analytic Philosophy and Phenomenology. ed., Michael Beaney, London : Routledge, 2007, pp. 125-141.

〔2〕　博登海默也指出，"分析法理学被认为是日常语言哲学的一个分支，它的任务就可被归结为对法律术语和概念的标准用法进行描述。"［美］博登海默：《法理学法律哲学与法律方法》，邓正来译，中国政法大学出版社 1998 年版，第 144 页。根据日常语言哲学重构哈特法理学的尝试, See Pierluigi Chiassoni, "The Model of Ordinary Analysis", in Reading HLA Hart's The Concept of Law. ed., Luís Duarte d'Almeida, James Edwards, Andrea Dolcetti, Oxford: Hart Publishing, 2013。

〔3〕　［英］哈特：《法律的概念》（第 2 版），许家馨、李冠宜译，法律出版社 2011 年版，第 16 页。

权威，但法律的这种规范性究竟源于何处呢，在性质上又应当作何理解呢？回答"法律是什么"这一问题需要对法律规范性做实质的分析与研究，仅仅依靠语词分析是不可能完成的。

尽管哈特的追随者都坚信分析法学研究的不是语词而是对象，德沃金这一哈特的"一生之敌"却始终认为哈特的分析法学仅仅是关于"法律"这一语词的探讨。[1] 鉴于德沃金与哈特的争论构成当代英美法理学的主线，这里有必要简要评述德沃金的批评。根据德沃金，哈特认为司法实践中法律人共同分享"法律"这个词的意义并且没有分歧（否则人们关于法律问题的争论就是各说各话），这一点决定了法律人在判断一个法律命题的真假时遵循的是相同的标准。德沃金区分了标准型概念与解释性概念，前者的存在有赖于特定共同体的共享与约定，如"三角形""光棍""婚姻"等，后者则独立于任何共同体的约定，由客观实在的最佳范例决定，如自由、平等、民主等价值概念。德沃金指出，哈特视法律为标准型概念，法理学家的任务就是分析并揭示出为人们所共享的法律概念的构成标准。然而，对法概念的这种理解却无法说明一个真实存在的现象，即司法实践中法律人经常就法律根据（即法律命题的真值条件）发生分歧，因此哈特对法概念以及法理学任务的理解都是错误的。德沃金相信只有把法律理解为解释性概念才能说明这种"理论分歧"，而这也意味着，法理学的工作不是描述性的形式层面的概念分析，而是规范性的实质层面的价值论证。许多学者已经指出，德沃金实际上误解了

---

〔1〕 ［美］罗纳德·德沃金：《身披法袍的正义》，周林刚、翟志勇译，北京大学出版社 2014 年版，第 10~13 页。

哈特。[1] 首先，哈特在《法律的概念》方法论部分已经清楚交代，探究的是法律这种社会现象或制度，而不是"法律"这个词的意义。哈特本人并没有特别地预设法概念的语义学类型，这不是他分析的出发点，和他的实质理论也缺乏直接关联。其次，即便哈特预设了标准型概念观，事实上也可以说明"理论分歧"的存在，因为共享标准的人们仍然会对标准的应用产生分歧。德沃金论证的错误在于混淆了语义标准与法源标准，前者的确共享并且对核心实例没有争议，后者取决于特定的共同体的承认规则的规定，法律人往往在形式上大致共享，但涉及内容的争议还是存在的。法律命题的真值条件，最终其实取决于法律本体论而非语义学。最重要的还是在于，即使哈特持有标准型概念，哈特也没有主张法理学的任务就仅仅是揭示这个标准。哈特提出的一阶规则与二阶规则相结合的法理论是对法律体系的基本结构的揭示，它没有蕴涵在"法律"这个词的意义中，没有出现在任何一部法律词典的词条中，它也不为实践中法律人所实际地共享，它是理论家的贡献。

此外，人们常常用"概念分析"这个提法指称分析法学的方法，不少学者由此认为哈特关心的虽然不是"法律"这个语词的用法，但其实是法律这个概念，即"法律的概念"。特别是假如承认法理学的基本问题"法律是什么"涉及的是法律的本质属性或必然属性，而法律的概念反映的正是法律的本质属性，那么法

---

[1] See Jules Coleman, *Methodology*, in Handbook of Jurisprudence And Legal Philosophy. ed. , Jules Coleman, Scott Shapiro, Oxford : Oxford University Press, 2002; Joseph Raz, *Between Authority and Interpretation*, Oxford: Oxford University Press, 2009, chapter2.

理学研究的也就是法律的概念。[1] 诚然，法理学不可能忽视法律的概念，但如果笼统说法理学的研究对象是概念而非实在，就不仅具有高度误导性，还是一个理论错误。首先，尽管概念反映事物的性质，概念与事物在本体论上仍处于不同的位置或属于不同的范畴。概念是人们头脑中主观的心智表征，事物则是独立于人们心智状态的客观实在。拉兹认为，概念是我们构思（conceive）世界诸方面的方式，隐喻地说，概念处在世界与语词之间，语词表达概念，概念指称世界。在本体论上，法概念与法性质是不同的东西，法概念处在法性质与法语词之间。法概念是地方性的，变化的，法性质是普遍的、不变的。[2] 其次，尽管构成法概念的都是法律的必然属性，法律的必然属性却并不都为法律的概念所反映，因为概念的功能主要在于界定与区分，但事物并非所有的必然属性都具有区分的功能。如前所述，哈特在反驳法律形式主义与法律现实主义时提出了规则的开放结构理论，哈特认为开放性显然属于所有法律规则乃至法体系的必然属性，这是由人类语言的固有特征决定的。但法律的这个必然属性却并不具有区分的功能，不属于"区分性属性"进而也不属于法律的概念。事实上，就连"法律是一阶规则与二阶规则的结合"严格说来也不具有区分功能，正如拉兹指出的，足球游戏、社会团体等规则体系也都具有这一属性。概念层面的必然属性其实是一个极为苛刻的要求，它意味着某个属性在所有可能世界中都必须是法

---

〔1〕　See Brain Bix, *Conceptual Questions and Jurisprudence*, 1 Legal Theory (1995), pp. 465-479.

〔2〕　See Joseph Raz, *Can there be a Theory of Law*, in The Blackwell Guide to the Philosophy of Law and Legal Theory. ed., Martin P. Golding, William A. Edmundson, Oxford: Blackwell, 2005, pp. 324-331.

律的属性才可以算成概念的构成属性。以此为准，现实世界中大量重要甚至典型的法律特征由于不属于法律的概念也就都被法理学剔除。哈特在分析法律与道德的关系时提出的"最低限度的自然法"，由于无法通过可能世界的检验标准也就不属于法理学。同理，拉兹曾设想过一个不具有强制力但仍具有法律体系的天使社会的存在，由此，强制性不是法律的必然属性，法理学也就可以无视法律的这个典范特征。这种逻辑当然是荒谬的，而且会直接导致法理学的贫困，让法理学又升到了"概念天国"。

四、逻辑，而非经验?

一旦把分析法学的主题限定为语词或概念而非实在的对象，就很容易滋生另一个误解，一个关于分析法学的性质的误解，即它是脱离经验的纯粹逻辑层面的先验分析工作。这种误解不仅切断了分析法学与经验研究的连续性，更是把二者完全对立起来，造成分析法学的封闭性，隔绝于社会法学，破坏了法理学内部的有机统一。分析法学似乎不仅陷入主观主义窠臼，而且无法回应时代变化的理论挑战。有学者严厉批评道，分析法学是"非历史的、非经验的、非批判的，是建立在过时的注释法学基础之上。"[1]

应当承认，奥斯丁的分析法学的确具有浓厚的逻辑主义意味。奥斯丁试图找到所有成熟的法体系所共同具有的概念与原则，它们是人类成熟法体系的最大公约数。用奥斯丁的追随者霍兰德的话说，它们是复杂法律体系"下面的那几个简单思想"，

---

[1]　[英] 威廉·退宁：《全球化与法律理论》，钱向阳译，中国大百科全书出版社 2009 年版，第 31 页。

是法体系的"语法"。[1] 然而怎么证明它们才是所有法体系都具备的概念与原则呢？正如一些分析法学家指出的，事实上这只能是一个经验问题，只有通过对现实存在的各种法体系进行深入的比较研究才可能确定。然而霍兰德却把它们视为先验存在的公理，停留在逻辑层面的抽象分析，从而剥离了分析法学的经验基础，难怪有人怀疑他与奥斯丁是"隐蔽的自然法主义者"。如前所述，哈特关心的是作为社会现象的法律，视自己的方法为"描述社会学"，因而也就不可能否定自己理论的经验性。即便是对语言哲学资源的借用，哈特更强调的也是它们的经验维度，例如语言的日常使用与具体的社会情境，哈特极力避免自己的理论落入纯粹逻辑主义的指责。事实上哈特在对博登海默的回应中明确指出，分析法学的分析不可能隔绝关于社会与法律制度的经验知识，并且，许多概念分析都需要关于人性的一般理论与相关的心理学知识。哈特甚至肯定心理学与社会学有时可以用来分析法律的性质，只是在运用这些经验理论时需要概念的清晰与逻辑的融贯。[2]

不过，同样不容忽视的是，哈特把法律的概念层面的必然属性也视为法理学的主要任务之一，这就导致与经验性的某种冲突，致使其理论留下了一定的逻辑主义痕迹与解释空间。最重要的是，在语言转向这一大的哲学背景下，一些学者试图把哈特的法理学解释为语言转向的产物，据此，如同语言转向产生了"概念哲学"（conceptual philosophy），哈特的理论也就属于所谓"概

---

〔1〕 ［英］威廉·退宁：《全球化与法律理论》，钱向阳译，中国大百科全书出版社 2009 年版，第 35 页。

〔2〕 See H. L. A. Hart, *Analytical Jurisprudence in Mid-Twentieth Century: A Reply to Professor Bodenheimer*, 105 University of Pennsylvania Law Review (1957), p.973.

念法理学"（conceptual jurisprudence）。[1] 根据这种概念哲学范式，哲学与科学是性质完全不同的两种事业：哲学的对象是概念而非世界，旨在意义分析而非理论建构；科学的对象是经验世界本身，旨在建构解释世界的理论。哲学具有先验性、分析性、必然性，与之相对，科学则具有经验性、综合性、偶然性。据此，法理学与哲学其他分支一样都是具有先验性、分析性与必然性的概念性事业。然而，随着 20 世纪后期哲学的自然主义转向，概念哲学范式已经渐渐式微。其中，美国哲学家奎因对概念分析的批评发挥着重要作用。[2] 按照传统观点，命题可以区分为分析命题与综合命题，前者根据语词意义为真，谓词包含在主词之中，因而也是必然为真的命题，是独立于经验的先验命题；后者则根据经验事实为真，谓词为主词添加了新内容，是偶然为真的命题，是依赖于经验的后验命题。进一步，哲学研究生产分析命题，科学探究导致综合命题。但奎因通过详尽的论证指出，这个区分是不成立的，我们无法在分析命题与综合命题之间画出界限，事实上一切命题在原则上都无法避免经验的影响。由此，不仅分析命题与综合命题之间不存在实际区分，必然命题与偶然命题、先验命题与后验命题之间亦不存在实际区分，这就彻底摧毁了概念哲学的可能性。按照奎因的自然主义哲学观，哲学与科学都是对世界本身的探究，二者在性质上没有根本差别。哲学与科学是连续的，人类知识网络中哲学仅仅是比科学更加基础与抽象的部分，但包括最抽象的逻辑在内的人类所有知识都将面对经验

---

〔1〕 See Brain Bix, *Conceptual Questions and Jurisprudence*, 1 Legal Theory（1995），pp. 465-479.

〔2〕 See W. V. O. Quine, *Two Dogmas of Empiricism*, 60 Philosophical Review（1951），pp. 20-43.

法庭的审判。[1] 如果说奎因是从元哲学层面论证了哲学自然主义,那么二十世纪七八十年代以来经验科学对传统分析哲学诸领域的"入侵"已经实实在在地引发了"自然主义转向"。今天,已经很少有哲学家认为心灵哲学、认识论等当代热门的哲学论题可以不诉诸心智科学而仅仅通过逻辑层面的概念分析加以解决。正是看到了当代分析哲学的这一趋势,Leiter 才指出,奎因对概念分析的批评已经从哲学上破除了"概念法理学"的幻象,正如传统的认识论问题理应诉诸心理学来回答,法理学的基本问题也需要通过经验科学解决。[2] 分析法学家就法律是什么或法律的性质提出的多数命题说到底都不是分析命题,而是提供了经验知识的综合命题。这些命题所赖以为基的直觉不仅来源于经验生活,亦直接受到经验事实的检验。但必须指出的是,自然主义并不是否定所有概念分析,而仅仅是否定了那种与经验探究完全对立的"概念法理学"范式,一种承认自身与经验探究之间连续性的概念分析仍然是必要的。换言之,在哲学自然主义转向之后,概念分析仍是分析法学的必要方法,但分析法学却并不因此成为纯逻辑的、先验的工作。[3]

此外,分析法学晚近经验化的另一个突出反映就是应对全球化时代的挑战所做出的调整。英国法理学家威廉·推宁认为全球

〔1〕 See Scott Soames, *Philosophical Analysis in the Twentieth Century*, Volume 1, Princeton: Princeton University Press, 2003, Chapter16.

〔2〕 See Brain Leiter, *Legal Realism, Hard Positivism, and the Limits of Conceptual Analysis*, in The Postscript: Essays on Hart's Postscript to The Concept of Law, ed. J. L. Coleman, Oxford: Clarendon Press, 2001.

〔3〕 See William Twinning, General Jurisprudence: Understanding Law from a Global Perspective, Cambridge University Press, 2009, pp. 54-56.

化向传统分析法学提出三个突出难题[1]：首先，传统分析法学预设了所谓"黑箱理论"，即把国家、社会与法律当作离散的、封闭的实体，从而可以孤立地进行研究。然而在全球化时代，地方法律却必然会受到外部影响，一些跨国性法律总是在影响着国家内部的法律关系，更何况国家主权也始终受到国际人权法的制约。其次，传统分析法学主要聚焦于国家法，奥斯丁与哈特试图探究的都是关于国家法体系的一般原理。然而法律多元在全球化时代已经成为一个必须面对的客观事实，如果分析法学只关注国家层面而忽略范围更加广泛的地区层面的、跨国层面的、全球层面的法律，分析法学自然会严重脱离时代与实践，从而丧失理论竞争力。最后，分析法学家一直致力于构建一套用以分析所有法体系的基本概念框架或"元语言"，但正是由于他们对普遍性的高度渴望，导致他们给出的往往是非常抽象与稀薄的概念清单，这些框架事实上很难用以分析不同文化的法体系，更不可能覆盖全球化时代的多元法体系。正是认识到这些问题，以推宁为代表的晚近法理学家开始开拓分析法学，将各种不同层面的法体系均纳入研究范围，并在研究方法上接轨社会理论，从而实现分析法学的经验化。[2]

五、方法一元论？

对分析法学的最后一个误解在方法论上。基于前面提到的诸

---

〔1〕　参见［英］威廉·退宁：《全球化与法律理论》，钱向阳译，中国大百科全书出版社 2009 年版，第 65~69 页。

〔2〕　同上，第 38 页。对于全球化的挑战，作为传统分析法学家重要的代表，拉兹亦明确主张分析法学除了研究国家法，也应当研究"其他类型的法"，给出应有的回应。See Joseph Raz, *Why the State*? 2014（1）（unpublished essay on file with author）, available at http：//papers. ssrn. com/sol3/papers. cfm? abstract_id=2339522.

种误解，人们习惯于认为分析法学的方法就是所谓语言分析或概念分析，也就是分析语词的意义或概念的定义。但究竟是怎样分析的呢？对此，熟悉新分析法学的人一方面会指出分析语词的意义主要是考察语词的多样用法，另一方面又认为分析概念的定义主要就是揭示概念的充分必要条件。然而这种理解却失之简单与片面，停留在对分析法学过于浮泛的认识上。事实上，不仅语言分析与概念分析本身都是内部非常复杂的分析方法，随着分析法学的发展，今天分析法学已经吸收了更多经验方法，表现出非常开放多元的方法论。

　　分析法学的语言分析方法不是一般的语言学层面的分析，而是带着澄清或解决法理困惑的目的从语言角度切入进行分析，例如这种语言分析通常并不包括修辞分析、语音分析、词源分析等语言学方法。边沁极为注重思想的清晰，认为许多思想混乱都是由于术语不清晰造成的，因而十分推崇语言分析的方法，《道德与立法原理》一书的新颖独到之处就在于"详尽无遗的分析方法"。他认为像权利、义务、责任等一系列抽象术语都存在一种极易误导人们的"虚构逻辑"，我们要做的就是展开这些抽象术语的具体细节，把整体分解为部分，剖析其中实际的逻辑以清除含糊与神秘。边沁的分析方法其实是颇为复杂的语言分析，利用了各种逻辑学、语言学的方法。例如，他提出一种专门的"释义法"来解释那些没法通过传统的逻辑定义的方式来解释的法律概念。[1] 哈特以来，分析法学的语言分析方法的复杂性还表现在对语言哲学的理论与方法的借用。哈特所处的是日常语言哲学繁盛时期，哈特广泛借鉴了维特根斯坦的语言游戏、家族相似、开

---

〔1〕　参见［英］边沁：《政府片论》，沈叔平等译，商务印书馆 1997 年版，第 22 页。

放结构及奥斯汀的言语行为理论等哲学资源。至于当代分析法学，则进一步跟进语言哲学的前沿，吸收了语言哲学中许多新的成果。

提及概念分析，误解更深。分析法学研究的是一个个法律概念，其方法不就是概念分析么？进一步，分析法学力求揭示法律概念的构成要件，因而分析的不就是法律概念的充分必要条件么？这种貌似合理的看法，错在根本上误解了分析法学的对象。分析法学固然要分析法律概念，甚至也经常探究概念的充要条件，但分析法学的首要任务却是探究法律这种社会实在本身的性质而非法概念。不过，由于法律的性质是无穷尽的，分析法学不是要干瘪地列出一张法律性质的清单或"电话簿"，而是针对特定的法理困惑具体地分析法律的某种性质，增进对法律某方面的理解，因而具有语境化的特征。[1] 因此，分析法学的这种方法其实就是区别于单纯经验探究的"哲学方法"，并不是某种特定的"概念分析"。正是在这个意义上，夏皮罗认为"概念分析"仅仅是一个方便的称呼，称其为"反思平衡"或"理性重构"也都可以。与其说它是一种方法，不如说它是一种方法论或工具箱，也就是分析哲学家常用的那些分析方法。按照夏皮罗的总结，所谓"概念分析"，至少包括以下 7 种方法[2]：①直觉；②反思平衡；③思想实验/反例；④比较；⑤悖论研究；⑥建模；⑦考古。

哲学分析总是以某些基本直觉为前提，这些直觉构成事物的

---

〔1〕 Joseph Raz, *Two Views of the Nature of the Theory of Law: A Partial Comparison*, in Between Authority and Interpretation, Oxford: Oxford University Press, 2009, p. 57.

〔2〕 参见 [美] 斯科特·夏皮罗：《合法性》，郑玉双、刘叶深译，中国法制出版社 2017 年版，第 17~29 页。

自明之理，既可以作为认识的起点，也可以作为基本论据。自明之理因其自明性容易被忽视，而恰切的自明之理往往产生新的理论洞见，或新的论证方式。关于法律存在许多自明之理，哈特发现的极其重要的一条就是，法体系内的多数人对法律规则持有"内在视角"，正是这个直觉在根本上反驳了奥斯丁的命令论。不过，自明之理并非必然正确，有时两条自明之理会发生冲突，这时就需要运用反思平衡的方法。反思平衡，顾名思义，反思我们既有的相关直觉，使之形成一个融贯的信念体系，达到平衡。在此过程中，与多数直觉，尤其是与更"坚固"的直觉直接冲突并难以协调，这种直觉只能被放弃。为了反驳一些直觉，哲学家可以通过思想实验的方式提出反例。例如，对于"法律必然具有强制性"这一直觉，拉兹就虚构了一个其中存在法体系但不需要强制力的天使社会，从而提出了该命题的一个反例。[1] 为了发现有益的自明之理，经常要用到比较的方法，也就是比较法律与公共道德、礼仪、俱乐部、社团、宗教、游戏等相似的社会机制，从而激发我们的思想。例如，德沃金通过对礼仪作为一个解释性概念的分析，以类比的方式说明法律也是一个解释性概念。[2] 此外，寻找法律中的疑难或悖论问题，以此作突破口，也是获取法律性质的一种有益策略。夏皮罗通过聚焦于法律规范与法律权威的相互授权所存在的"鸡蛋问题"，同时批评了既有的实证主义与自然法进路，并提出了更好地解决这一悖论的"规划论"。建构简单的法律情境或法律模型，以此突出法律的本质特征或排

---

〔1〕 See Joseph Raz, *Practical Reason and Norms*, Oxford University Press, 1999, p. 159.

〔2〕 参见［美］罗纳德·德沃金：《法律帝国》，许杨勇译，上海三联书店 2016 年版，第 55~58 页。

除法律的偶然属性，则是另一项经典的分析技术。哈特在重构奥斯丁的理论时就建构了一个简单的抢匪情境，通过对比典范的法律情境，一步步修正抢匪情景，最终命令理论的各种局限性依次暴露出来。最后，法理学家还可以通过人类学与历史学提供的关于法体系形成与运作的材料来启发法律思想，夏皮罗称之为"考古策略"。正如夏皮罗指出的，法理学家的概念分析经常忽视真实世界法制的历史与文化，从而"失去极为重要的灵感和思想之源"。

如果说夏皮罗仅仅是注意到人类学与历史学等经验研究对概念分析的启发，那么，如上一节所述，法理学的自然主义转向意味着概念分析本身的局限性已经完全暴露出来，经验研究已成为分析法学不可替代的基本方法。事实上，一旦我们承认当代法哲学已经化为分析哲学的一部分，那么，分析哲学本身的方法论变革注定也就波及分析法学。莱特相信分析法学的基本问题——法律是什么——关涉的是法律这种存在于经验世界的社会机制，因而其法理争议无法仅仅通过概念分析解决，只能诉诸经验研究，对法律的性质的回答无法撇开经验研究。例如，长期以来法律实证主义内部关于排他性实证主义与包容性实证主义的争论始终无法在概念层面解决，因为不同学者之间关于实证主义的基本直觉存在冲突，无法相互说服。而直觉恰恰是概念分析的依凭，当不同学者无法就直觉达成一致，反思平衡也就难以真正实现。可是，一旦我们诉诸美国法律现实主义的经验研究即裁判理论，问题就可以完满解决，因为经验研究的成功意味着其理论预设是合理的，而美国法律现实主义的预设恰恰是排他性实证主义。所以莱特指出，不是拉兹的概念分析，而是经验研究证明了排他性实证主义的正确性。[1] 而且，哲学家的直觉本身也可能会被经验发现证伪。不少哲学家通过所谓"哲学实验"证伪了那些基于直觉的传统哲学判断，引发了一场名为"实验哲学"的运动。[2]据此，他们发现传统上哲学家们的直觉本身其实仅是特定文化里某些社会经济群体的"偏见"，它仅仅报道了这样一个"民族志事实"。如果哲学家的直觉仅仅是受到社会与文化影响的"偏见"，并且，如果这些"偏见"是多元的，那么所谓概念分析就不可能揭示事物的性质，而只是在报道这些"偏见"，哲学就成了"概念民族志"。然而，哲学家应当关心的乃是事物的真实性质，而非自己的直觉，应抛弃对直觉的依赖，把判断交给科学。我们没有理由认为实验哲学对诉诸直觉的批评不适用于法哲学，自然化的法哲学应该告别概念民族志，转向对法律制度的经验科学研究。[3]

六、结语：活动，而非理论

分析法学是关于法律的一般性质与概念框架的研究，是在理论层面对人类社会法律现象的基本把握。但分析法学并没有必然蕴涵实证主义立场，亦与形式主义或概念法学无关；分析法学关心的是作为社会实践的"法律实在"本身，而非仅仅"法律的概念"。这也意味着，分析法学绝非脱离经验的纯粹逻辑思辨，而

---

〔1〕 See Brain Leiter, *Legal Realism, Hard Positivism, and the Limits of Conceptual Analysis*, in The Postscript: Essays on Hart's Postscript to The Concept of Law, ed. J. L. Coleman, Oxford: Clarendon Press, 2001.

〔2〕 See Eugen Fischer, John Collins, *Rationalism and Naturalism in the Age of Experimental Philosophy*, in Experimental Philosophy, Rationalism and Naturalism, ed. Eugen Fischer, John Collins, Routledge, 2015, pp. 4-5.

〔3〕 See Brain Leiter, *Naturalizing Jurisprudence: Essays on American Legal Realism and Naturalism in Legal Philosophy*, Oxford: Oxford University Press, 2007.

是与经验探究存在连续性。由此，分析法学的方法也远远不是仅仅追求定义或用法的语言分析或概念分析，而是囊括哲学与各种经验探究在内的开放多元的方法论体系。一旦从这些基本方面澄清了关于分析法学的误解，破除了对分析法学的各种刻板印象，我们对法理学本身就会有新的理解。

　　传统的法理学拼图由分析法学、自然法学与社会法学共同构成，然而三者彼此之间却是对立的关系。新的理解在于，一方面，自然法学的对立面其实是法律实证主义，而二者则都是分析法学的一部分；另一方面，分析法学与社会法学仅仅是侧重点不同，前者偏向法律的一般理论，后者更多关乎法律的经验面向，二者不仅不处于对立状态而且具有连续性。如此，法理学就由机械拼图变成了有生命力的机体。当下中国法理学就处在分析法学与社科法学的对立与割据之中，这种分裂的现象在根本上就是对法理学本身的误解。事实上，对普遍性的渴望是西方思想学术历史悠久的传统与深层的文化特质，对法律是什么的探究始于古希腊，就此而言，分析法学是西方哲学在法学领域的自然延申。经过当代哲学的洗礼，我们理应认识到，追求普遍性不仅没有错，而且具有必要性。普遍性是法理学的价值所在，抛开普遍性，对法律的任何经验探究都成了零敲碎打。普遍性没有错，错在对普遍性的理解与追求普遍性的方式，寓于具体性之中的普遍性才是正确的道路。分析法学的直接追求固然在求知层面，即深化我们对一般法律的认识与理解，但放下误解与偏见，谁又能否认经验化的分析法学同样能有助于实践层面的法律探究呢？

　　在结束本文之际，笔者简要谈谈分析法学对于法律教育的意义，因为法学是一门实践之学，如若分析法学最终对于法律教育并无直接价值，其现实意义难免大大削弱。应当指出，尽管分析法学已被国内公认是所谓三大经典法学流派之一，但在中国实际的法律教育中，分析法学往往是不受重视的。除了本文讨论过的一些误解，其主要原因可能在于，人们认为分析法学与部门法学关联不大，是纯粹的理论探究，无关法律实践。我们已经指出，分析法学其实是部门法学的逻辑基础，关涉所有部门法共同的或底层的概念框架。不过，这种辩护强调的仍然是理论层面，部门法学教师则可以给出如下回应：分析法学作为法律的一般理论，固然值得想要深入研究部门法的学者去关注，但恰恰由于其一般性与抽象性，它并不是法科学生与法律人必须要学习的内容。这种回应的力度不该被低估，因为对于法律人来说，最核心的就是解决法律问题的技能，而无论我们怎么强调分析法学的重要性都无法否认一个基本事实，即哈特或拉兹的一般法律理论对于一个法律人的职业训练是无足轻重的。因此，就法律教育而言，我们必须转变视角，不能主要从理论而应从实践的角度来理解分析法学。这方面，哲学的语言转向的确提供了一条颇有启发的思路。维特根斯坦认为哲学不是理论建构，不是由理论命题构成的知识体系，而是一种活动，也就是分析由于语言或概念问题而产生的哲学的活动。在近似的意义上，我们也可以把分析法学理解为一种活动，一种有益于部门法学习研究的活动。我们知道，每一部门法学本身就是一个极其庞杂的概念体系，这些法律概念彼此之间盘根错节，加之人类语言或概念所固有的局限性及社会生活的复杂性，产生了大量纠缠不清的概念困惑。也就是说，分析法学所面对的那些概念困惑同样也出现在部门法学当中，这其实是由法律概念的本性决定的。虽然部门法学本身也使用概念分析方法，但部门法的概念分析方法主要是传统的对概念充要条件的追求，而我们已经在前文指出，这种方法不足以消除这些复杂的困惑。因此，学习分析法学提供的那些更加精致与犀利的分析技艺，对于消除部门法学习中潜在的各种概念困惑并形成清晰有序的法律思维地图不可或缺。也由于这些分析技艺的广泛适用性，法科生可以将之运用于不同部门法从而打通各部门法之间的联系，法律人甚至也可以由此训练一般层面的逻辑分析思维。最后，笔者相信，只有当分析法学不仅仅是个别法理学家的理论事业，更是广泛的法律人的共同实践活动时，分析法学的意义才获得了最大化的实现。

退伍大学生复学适应性影响因素的实证研究

——以 S 政法学院为例

◎李倩歌* 郭 健**

摘 要： 随着大学生参军入伍积极性的提高，退伍人数逐年增长，退伍复学群体的研究得到关注。从"军营"到校园，角色的陡然转变，使退伍大学生复学后短期内出现一系列适应性问题。基于现有文献观点，为研究退伍大学生复学适应性的影响因素，通过在 S 政法学院发放调查问卷、建立模型的方式进行检验，总结出以下观点：人际交往因素与退伍大学生复学适应性存在显著的正向影响关系；学业压力对退伍大学生复学适应性有显著的反向影响关系。针对这一研究结果，就各影响

* 李倩歌，上海政法学院法律学院 2020 级民商法学硕士研究生，研究方向：商法学。

** 郭健，中国人民解放军东部战区陆军第 73141 部队 2017 年退伍士兵，上海政法学院法律学院 2020 级民商法学硕士研究生，研究方向：知识产权法学。

因素提出了相关的措施和建议，对做好退伍大学生复学适应性工作，指引其更快融入校园生活有较大参考价值。

关键词：退伍大学生　适应性　学业压力　人际交往

一、引言

近年来，大学生参军入伍人数逐年增多，根据解放军报的统计，大学生入伍人数从 2013 年的 20 万到 2015 年的 80 万到 2017 年的 107.8 万再到 2020 年的远超 120 万。在校大学生逐渐成为重点征集对象、高校成为兵员重要储备地并且校园成为征兵工作主阵地。[1] 地方各级军队不断完善大学生参军入伍的激励政策，各高校在升学、转专业、免修课程、考研、资金奖励等方面出台大量优惠举措。可以看出，我国积极吸引和鼓励大学生参军入伍，并将大学生参军优惠举措落实。

从"营门"到"校门"，除各种物质待遇和政策性奖励，退伍大学生复学适应性问题也应得到重视。两年军旅生活结束，学生自身知识出现断层，复学后许多学生专业课程基础薄弱，公共基础课程学习压力更大，英语课和计算机课摇身变为挂科"先锋"。此外，在军营一切行动听从指挥，而在校园主要依赖于自主能动性，若未能及时调整心态，在缺少督促的情况下，学生可能会逐渐降低自我约束标准，陷入自我放纵的不良循环中，从而影响心理健康成长。通过军营的历练，为社会培养了一批综合素质高，思想正直的优秀人才，因而更应当注重和指引退伍大学生复学角色转变。因为解决退伍复学适应性问题不仅能促进退伍生

---

〔1〕　《从校门到营门：大学生参军数量屡创新高》，载 https：//baijiahao. baidu. com/s？id=1618105927475138329&wfr=spider&for=pc，最后访问日期：2021 年 6 月 14 日。

自身发展，而且能为国家培养更多更优秀的人才。

为研究退伍大学生复学适应性的影响因素，提升退伍大学生工作质量，本文对影响退伍大学生适应校园的因素做出假设，因素包括学业压力，人际交往和内心焦虑。通过研究，归纳出适应性的可变因素，以及各因素之间的互相作用，就各影响因素提出相关措施和建议。这对退伍大学生成长成才和高校教育工作的质量提高意义重大，也是本文研究的价值所在。

二、文献综述

（一）国内文献综述

在退伍大学生复学面临的困难中，我国学者提出了相关问题，并给出相关建议。2004 年邢邦明、刘锡显首次关注退伍大学生群体，但主要从退伍大学生安置政策上出现的问题来进行解读。[1]关于复学大学生学业方面的压力，2016 年尹力在《退伍复学大学生适应校园的问题与应对措施研究》中指出退伍生复学存在思想上准备不足，学业上的困惑和社交障碍的问题。主要表现在对所学专业缺乏兴趣，出现厌学情绪。其认为这一现象出现的原因：一是复学大学生在部队服役期间没有坚持专业课的学习；二是本身的知识储备有限。[2]也有学者认为，是部队生活和校园生活作风的差异，导致退伍大学生心理上产生对课堂教育的排斥。梁伟湖指出当前退伍返校大学生学习适应性问题主要表现为学习目标定位不合理、学习方法不适应以及学习环境融入难。

---

〔1〕 赵瑄等：《退伍大学生安置：不该出现的政策难题——天津市退伍大学生安置情况调查》，载《华北民兵》2004 年第 1 期。

〔2〕 尹力：《退伍复学大学生适应校园的问题与应对措施研究》，载《长沙航空职业技术学院学报》2020 年第 2 期。

因此，退伍返校大学生个人应调整状态、积极适应，家庭应给予支持和鼓励，学校应加强退伍返校大学生的支持与管理，社会应弘扬退伍返校大学生的优良精神，只有各方凝聚共识、通力合作，才能更好促进退伍返校大学生成长成才。[1] 此外，在退伍大学生心理方面也有许多研究。有学者通过调查徐州某应用型高校 2002—2012 年十年间入伍的大学生，分析他们选择入伍的动机，以及退伍返校后的心理特征，发现他们的思想成熟度高，意志力强，但是校园生活与部队生活的差异让他们有孤独感、落差感。这需要高校教育工作者关注退伍大学生群体，引导他们再次适应校园生活。[2] 郭玉琼对复学大学生的心理健康问题进行研究，分析问题产生的原因，最后从复学大学生个人、学校教育、心理辅导和创造良好的外部环境四部分来研究相关对策。[3]

另有学者专门对退伍回校女大学生进行研究，与复学男大学生校园融入问题类似，其返校后在角色转变，心理适应以及学业适应、人际交往方面存在类似问题。还有学者以辅导员视角下退伍大学生班级融入为切入点，指出辅导员应该在复学大学生班级融入中发挥积极作用，帮助其尽快融入班级生活。[4]

总而言之，国内关于退伍大学生复学适应性的研究主要集中于理论方面，大部分学者都认为学习压力，人际交往，心理负担是影响退伍生复学适应性的主要因素，也有从退伍大学生、女大

〔1〕　梁伟湖：《退伍返校大学生学习适应性问题与对策研究》，载《南方论刊》2021 年第 3 期。
〔2〕　胡俊宇等：《大学生应征入伍及退役复学现状调查与研究》，载《中国大学生就业》2016 年第 18 期。
〔3〕　郭玉琼：《关于复员大学生心理健康问题及对策的思考》，载《内蒙古农业大学学报（社会科学版）》2010 年第 4 期。
〔4〕　任冠华等：《辅导员视角下退伍复学大学生班级融入策略探究》，载《产业与科技论坛》2020 年第 18 期。

学生、辅导员等不同视角进行分析，提出了相关建议，但缺乏实证研究，问题不具有可视性。

（二）国外文献综述

国外对于退伍军人适应性问题的研究比较充分，多运用实证分析方法。在"Veterans Adjustment to College: Construction and Validation of a Scale"一文中 Sharon L. Young 通过调查进行实证分析，提出学习压力、社会归属感和心理疾病为影响退伍生复学适应性的主要因素。[1] McAndrew Lisa M. 在"Cultural Incongruity Predicts Adjustment to College for Student Veterans."中提到，退伍军人在大学缺乏归属感并且容易被误解，这种现象被咨询心理学家称为文化不协调（cultural incongruity）。并对文化不协调和大学适应之间的关系进行定量研究，通过调查报告和回归评估得出对文化差异的理解感可以降低文化不协调对大学适应的消极影响[2] Mendoza 在（What's Next for Student Veterans? Moving from Transition to Academic Success）文中指出，由于军队经历的特殊性，高校应当积极搭建退伍军人福利中心、校园组织和专业顾问以满足转型期退伍军人的需求。[3]

经前述可知，国外学者研究重点在参战退伍军人心理治疗和文化不协调方面，在理论阐述和实证分析方面均有展开，成果颇丰。但因教育模式和背景的不同，在学业方面的研究成果，于我

---

[1] Sharon Young: "Veterans Adjustment to College: Construction and Validation of a Scale", Journal of Veterans Studies, 2017, 2 (2).

[2] McAndrew Lisa M, Slotkin Sarah, Kimber Justin, Maestro Kieran, Phillips L Alison, Martin Jessica L, Credé Marcus, Eklund Austin, "Cultural incongruity predicts adjustment to college for student veterans.", Journal of counseling psychology, 2019, 66 (6).

[3] Mendoza, Mollet, Linley, "What's Next for Student Veterans? Moving from Transition to Academic Success", Journal of Student Affairs Research and Practice, 2019, 56 (3).

国而言不具有通用性。因此，本文运用实证分析方法，收集相关数据，建立模型，对退伍大学生复学适应性问题进行可视化分析，并结合实际情况提出建议和解决措施。

三、研究假设和理论模型

（一）研究假设

基于上述文献回顾，提出以下研究假设：

H1：心理焦虑因素对退伍大学生复学适应性的反向影响。

对于退伍大学生个人而言，心理焦虑因素是指复学后，退伍生在角色转变过程中产生的不良情绪与心理障碍。这种不良情绪主要表现在三个方面：一是因自身年龄超出班级同学并且与班组同学思想成熟度不同而自我压抑；二是退伍进入新班级后，因缺乏归属感引发的孤独；三是短期内未能适应部队与大学氛围的差异，从而形成的焦虑。退伍大学生内心焦虑程度越高，复学适应程度越低。

H2：人际交往因素对退伍大学生复学适应的正向影响。

人际交往是人与人之间交往关系的总称。人具有社会性，人际交往对每个人的生活、学习和情绪等有很大的影响。退伍大学生复学后，往往会面临人际交往的难题。退伍前，班级同学成为自己的前辈，而新班级同学又已经形成自己固定的圈子，且集中住宿的安排，使得退伍生与非退伍生群体"泾渭分明"，复学生的新班级融入积极性比较低。就这方面而言，退伍大学生人际交往范围越大，其复学适应性程度越高。

H3：学业压力因素对退伍大学生复学适应性有反向影响。

学业压力指学生在面对学业要求时所产生的紧张反应。目前退伍复学生学业负担较为繁重，因为完成学分的时间被压缩，复学大学生每学期主修的课程总数较多。另外，由于出身于政法类院校，这便需要记忆和理解大量知识点和法条，有着更高的学习强度。经过调查得知，法律学院非退伍生每学期学习 2 至 3 门专业课，而退伍大学生每学期则需要学习 4 门至 6 门专业课程。退伍大学生学习压力越大，其复学适应性程度越低。

（二）理论模型

根据上述假设，内心焦虑、人际交往和学业压力三个方面的因素会影响退伍大学生的复学适应性，因此，本文的理论模型为：

$$Adai = \beta0 + \beta1 Anx1i + \beta2 Com2i + \beta3 Stu3i$$

其中，因变量 Adai 为退伍大学生复学适应性程度；Anx1i 为心理焦虑对退伍大学生复学适应性的影响；Com2i 为人际交往对退伍大学生复学适应性的影响；Stu3i 为学业压力对退伍大学生复学适应性的影响。三个因素综合起来会影响退伍大学生复学适应性的程度。本文研究目的是探究上述哪些因素会对退伍大学生复学适应性有显著影响？基于这些影响，应采取何种政策和手段，提高退伍大学生校园融入程度。

四、退伍生复学适应性影响因素的实证检验

（一）问卷设计、发放

问卷总共有 15 题，以退伍大学生复学适应性程度为因变量，以心理焦虑、人际交往和学业压力为自变量，将三个自变量细化为 5 至 8 个分项，加上受访者的年龄、性别、户籍、成绩等基本情况组成了问卷的主体。在设计好问卷之后，以"问卷星网络调

查软件"为平台，依托小组成员与退伍大学生的人际关系，利用
退伍大学生住宿集中性的特点，邀请了不同性别，年龄，专业的
政法学院退伍大学生填写了问卷，问卷总共发放了 90 份，目前 S
政法学院在校退伍大学生总计 64 人，基本实现了全覆盖，加上 S
校去年已经毕业的退伍大学生，可以说已经包括 S 校近 2017 至
2020 三年以来的全部退伍大学生。从问卷收集的基本情况来看，
性别、年龄、专业、成绩等分布都较为合理，具有较强的代表性。

（二）效度和信度检验

对问卷题项使用 KMO 和 Bartlett 检验进行效度验证，从表 1
可以看出：KMO 值为 0.793，介于 0.7 ~ 0.8 之间，研究数据效
度较好，适合进行因子分析。

表 1　KMO 和 Bartlett 的检验

KMO 值		0.793
Bartlett 球形度检验	近似卡方	1209.534
	df	210
	p 值	0.000

从解释的总方差发现，因子分析一共提取出 3 个因子，特征
根值均大于 1，此 3 个因子旋转后的方差解释率分别是 25.475%、
24.305%、10.770%，旋转后累积方差解释率为 60.550%，因此 3
个因子可以作为主因子。如下表 2 为旋转成分矩阵，从表中可以
看出，内心焦虑的 6 个变量在第一个因子上的载荷较大，因此可
以将第一个因子命名为心理焦虑因子；人际交往的 8 个变量在第
二个因子上载荷较大，因此可以将第二个因子命名为人际交往因

子；学业压力的 7 个因子在第三个因子上载荷较大，因此可以将第三个因子命名为学业压力因子。

表 2 旋转成分矩阵

名称	因子载荷系数		
	因子 1	因子 2	因子 3
（1）入伍经历，并没有导致我的知识断层（如英语、专业课知识）		0.408	
（2）我能够轻松应对现在学习课程中的工作量，我有清晰的学习目标		0.764	
（3）复学后，一学期内学习较多专业课		0.470	0.535
（4）我的心态未得到调整，难以静心学习，缺乏自主学习状态	0.486		0.516
（5）我占用较多时间娱乐或从事体能训练			0.424
（6）遇到学习问题，很难向同学求助	0.585		0.522
（7）长期军事化管理，使我难以适应老师的授课方法	0.708		
（1）复学后，我结交了一些非退伍学生		0.779	
（2）我能够与新班级同学融洽相处		0.716	−0.494
（3）我与入伍前班级同学仍保持联系		0.736	
（4）某些同学不成熟的言行，让我觉得很难相处	0.413		0.638
（5）我与退伍前后班级辅导员关系密切		0.634	
（6）当我遇到问题时，我在学校有一个辅导员或了解我的朋友交流		0.792	
（7）我与退伍大学生相处很好		0.762	

续表

名称	因子载荷系数		
	因子 1	因子 2	因子 3
（8）我能够与舍友保持良好关系		0.772	
（1）和班级同学的年龄差异当我在相处时感到不安	0.848		
（2）我在学校缺乏归属感（时常感到孤独）	0.823		
（3）部分人对退伍学生的反面界定使我感到不安	0.832		
（4）某些同学不成熟的言行，让我觉得很难相处	0.765		
（5）部队的一些创伤经历使我出现应激反应（如睡眠障碍、极力回避、过度警觉）	0.784		
（6）部队生活与校园生活价值观念不同让我有落差感（如部队纪律意识较强，大学则强调兼容并蓄）	0.798		

然后进行信度检验，采用 Alpha 信度系数法进行信度衡量是目前最常见的方法，本题中 Cronbach's Alpha 系数如下表 3 所示，因子一和因子二均大于 0.8，说明信度较为理想。

表3　3个因子信度统计量

项数	因子	Cronbach α 系数
6	心理焦虑	0.907
8	人际交往	0.847

续表

项数	因子	Cronbach α 系数
7	学业压力	0.661

其中因子三信度为 0.661，信度系数值为 0.661，大于 0.6，信度一般。进一步分析各项的信度，如下表 4 所示：

表 4　学习压力因子信度分析

名称	校正项总计相关性（CITC）	项已删除的 α 系数	Cronbach α 系数
（1）入伍经历，并没有导致我的知识断层（如英语、专业课知识）	0.319	0.641	
（2）我能够轻松应对现在学习课程中的工作量，我有清晰的学习目标	0.131	0.688	
（3）复学后，一学期内学习较多专业课	0.311	0.641	
（4）我的心态未得到调整，难以静心学习，缺乏自主学习状态	0.461	0.595	
（5）我占用较多时间娱乐或从事体能训练	0.449	0.605	
（6）遇到学习问题，很难向同学求助	0.477	0.590	
（7）长期军事化管理，使我难以适应老师的授课方法	0.455	0.599	0.661

备注：标准化 Cronbach α 系数：0.658。

针对"项已删除的 α 系数"，任意题项被删除后，信度系数并不会有明显的上升，因此说明题项不应该被删除处理。针对"CITC 值"可以得出①入伍经历，并没有导致我的知识断层（如英语、专业课知识）对应的 CITC 值小于 0.4，与信度指数影响不大；②我能够轻松应对现在学习课程中的工作量，我有清晰的学习目标对应的 CITC 值小于 0.2，说明其与其余分析项的关系很弱；③复学后，一学期内学习较多专业课对应的 CITC 值小于0.4，说明可信度一般。但综合对学业压力因子进行分析，研究数据信度系数值高于0.6，综合说明数据信度质量可以接受。

（三）全样本模型的回归结果

以退伍大学生复学的适应性为因变量，以内心焦虑因子、人际交往因子和学习压力因子共 3 个公因子得分为自变量，使用全部数据进行线性回归后，得出的全样本模型结果，如下表 5 所示：

表 5　线性回归分析结果

线性回归分析结果（n=90）								
	非标准化系数		标准化系数	t	p	VIF	R^2	调整 R^2	F
	B	标准误	Beta						
常数	5.422	0.098	−	55.273	0.000**	−	0.522	0.506	F（3，86）=31.355，p=0.000
心理焦虑	−0.201	0.099	−0.152	−2.037	0.045*	1			
人际交往	0.885	0.099	0.669	8.971	0.000**	1			
学业压力	−0.303	0.099	−0.229	−3.072	0.003**	1			
因变量：14. 我自复学以来校园适应性总体评价									
D-W 值：2.156									
*p<0.05　**p<0.01									

从上表可知，将内心焦虑、人际交往和学业压力作为自变量，而将"14. 我自复学以来校园适应性总体评价"，作为因变量进行线性回归分析，针对模型的多重共线性进行检验发现，模型中 VIF 值全部均小于 5，意味着不存在着共线性问题；并且 D-W 值在数字 2 附近，因而说明模型不存在自相关性，样本数据之间并没有关联关系。从上表 p 值可以看出，三个变量都通过了检验，进入了最终的模型，最终的模型为：

$$Adai = \beta0 + -0.201Anx1i + 0.885Com2i + -0.303Stu3i$$

三个自变量中，人际交往因素的系数最大为 0.669，意味着人际交往会对退伍大学生复学适应性产生显著的正向影响关系；次之是学业压力因素，系数为 -0.229，说明学业压力会对退伍大学生复学适应性产生显著的反向影响关系；最后是内心焦虑因素，系数为 -0.152，说明内心焦虑会对退伍大学生复学适应性产生反向影响关系但相对不那么显著。上述分析可表明，在影响退伍大学生复学适应性因素上，人际交往占据主要地位，内心焦虑和学业压力也会发挥影响作用。

五、结论和建议

（一）结论

人际交往因素会对退伍大学生复学适应性产生显著的正向影响关系，学业压力会对退伍大学生复学适应性产生显著的反向影响关系，内心焦虑因素对适应性的反向影响并不显著。

（二）建议

退伍大学生复学适应性问题，一直以来都没有得到学术界应有的重视。军旅生活带来身体和心理上的磨砺，在复学后，政府、高校和社会在贯彻落实福利政策的同时，也要意识到身为学生的退伍士兵所面临的现实问题。本次问卷调查收集到 S 政法学院退伍大学生，关于高校退伍大学生复学适应性的一些反馈，在这些反馈的基础上提出以下工作意见：

1. 政策层面

政府在宏观层面影响着这一群体面临的问题和其今后发展，故为更好地解决退伍返校大学生群体回归后的现实困难，首先应从政府维度上去思考。政府应不断完善现有福利政策，采用强有力的手段确保福利措施的贯彻实施，在制度层面提供相关保障，适时调整征兵政策，推动退伍大学生学业进步。

为缓解退伍大学生的年龄压力，缩短其与入伍前同班同学年龄差距，政府和高校可以出台"提前毕业"的方法，对于合格完成全部学分要求的退伍大学生，可允许提前毕业。对此可将军营经历计入学分系统，完善毕业实习与军营经历学分相抵等措施，放宽对退伍大学生社会实践学分的要求，毕竟军营历练就是最好的社会实践。

"考研加分"政策也需要强力推行，为了鼓励更多的大学生参军入伍，同时也为平衡同一学期内退伍生学习压力与非退伍大学生之间的差异，可以考虑对其进行合理的倾斜性加分，在部队立功的退伍大学生，可以考虑对其保研等。

为进一步解决退伍大学生的社会适应性问题，还需要从军队方面着手，实现军队和高校互动，共同孕育精英。军队应积极开展退伍复学大学生的学业发展、人际交往和职业发展等心理建设和辅导。目前各大高校都在开展心理指导，尤其是新生和毕业生，军队也应积极通过这方面的教育和引导，解决退伍复学大学生重返校园和回归社会容易出现的一系列适应性问题。

2. 高校层面

目前，高校关于退伍大学生安置工作相对比较完善。但高校可以在原有工作基础继续加强以下几个方面：首先，高校辅导员要积极联络班级内退伍生，鼓动班级进行团建活动，带动复学大学生积极融入新班级，提高班级凝聚力；其次，退伍生与非退伍生之间的交际仍需破冰，对此学校可以继续开展"英语补习小组""互帮互助小组"等，由成绩优异的在校生为学习方面存在困惑的退伍生提供一对一辅导或者进行专门补习，授课的学生则按照学校勤工俭学时薪计算工资。这不仅可以解决退伍生的学业困惑，而且也能为部分贫困生提供勤工俭学岗位，拉近退伍生与非退伍生之间的关系。

另外，越来越多的退伍生选择攻读本校硕士学位，对于此类退伍生可以考虑与本科阶段退伍生相似待遇，这样不会让其有太大落差感，更有利于吸引本校优秀生源。

3. 个人层面

外因是事物发展是重要条件，内因是事物发展的根本动力。要想解决好退伍复学大学生群体复学后所面临各种适应性问题，除了政府、高校以及军队等共同参与外，更重要的还是要立足自身进行调节。由于兼具"军人"和"学生"身份，退伍大学生需要认清自我，求同存异，积极主动与班级同学沟通交流，积极参加学生社团和学生会组织，争取结识更多志同道合的朋友。此外，需主动调整状态，从军队"服从智慧"中走出来，正确认识自己身为一名学生的权利和义务，制定学习目标，合理安排学习时间，变被动为主动，积极向老师、同学请教，进行自主学习。

高校学生个人信息行政法保护研究

卢　晋* 　吴阳虹**

摘　要：数字经济的发展使得个人信息被赋予商品化内涵，大数据等新兴技术的成熟使得公民个人信息被广为收集和利用，大学生群体基于其自身特性更应当获得行政法的特殊保护。利益导向的商业模式使其个人信息被隐蔽收集、非法获取、超出合理限度使用、肆意贩卖等情况频频出现，严重威胁了大学生群体的正常生活甚至人身安全。山东大学徐玉玉案引发了学界乃至社会对大学生个人信息保护的关注。针对大学生群体的电信诈骗、信用卡诈骗、校园贷、套路贷等一系列不法行为，需要从行政法角度进行规制，强化大学生个人信息保护。然而当前有关行政法律规范面临着立法分散、监

---

*　卢晋，海南大学法学院 2021 级博士研究生，法学、经济学、自由贸易港法专业。

**　吴阳虹，南昌大学新闻与传播学院研究生，新闻法、传播学专业。

管机制不足、配套措施缺位等问题，亟待予以完善。

关键词： 大学生　个人信息　行政法　高校

一、大数据时代加强大学生个人信息行政法保护的必要性

近年来，随着信息化与经济社会发展持续深入融合，加强个人信息保护，保障数据信息安全有序流通，成为当今大数据时代推动数字化经济发展的重要环节。当前，网络已经成为人们生产生活的新空间、经济发展的新引擎、交流合作的新纽带。根据2021 年《中国互联网报告》显示：中国互联网用户已达到 9.89亿人，同比增长 8500 万人。其中，学生群体占比 35%，在各种互联网移动 App 中大学生注册的人数达到 50%。高校学生不仅是互联网的主流用户群体，更是移动互联网时代的先锋人群，他们的需求引领着移动互联网的发展方向。随着高校学生日益成为新时代互联网社会的主要新生力量，对大学生群体个人信息安全进行高度关注是一个不可忽视的议题。近年来，大学生个人信息泄露事件多发，2020 年郑州西亚斯学院因校方管理疏忽导致学校两万名学生的身份证号、高考录取信息遭受大规模的泄露。2021 年9 月复旦大学在网上自主公开本校被公安机关治安处罚的学生信息。种种大学生信息泄露事件表明：个人信息遭到非法侵害的背后是非法利益驱动下个人信息地下交易形成的灰色产业链条的推动以及高校为主的相关部门在监管层面的缺失。如何加强对高校学生个人信息的保护，尤其是平衡高校在教育行政管理权行使的需要与学生信息安全的关系，这已经成为网络时代无法回避的问题。2020 年 5 月，全国人大通过了《中华人民共和国民法典》（以下简称《民法典》），在第六章专章规定了隐私权与个人信息

的保护，并明确了行政机关在履职过程中对收集的公民个人信息有严格保密的义务。2021 年 4 月，最高人民检察院发布了 11 起检察机关提起个人信息保护公益诉讼的典型案例，涉及行政公益诉讼、民事公益诉讼以及刑事附带民事公益诉讼，其中包含与大学生个人信息权益有关的教育和校外培训机构泄露信息的案件，这对大学生个人信息保护具有指引性意义。2021 年 7 月 28 日最高人民法院发布了《关于审理人脸识别技术处理个人信息相关民事案件的司法解释》，从司法上规制日常生活中人脸生物识别信息滥用的情况。2021 年 8 月 20 日十三届全国人大常委会第三十次会议通过了《中华人民共和国个人信息保护法》（以下简称《个人信息保护法》），在第 33 条到第 37 条规定了国家机关和法律、法规授权的管理公共事务的组织处理个人信息的有关规则。在第六章专章规定履行个人信息保护责任的有关主体，以及第 70 条规定了侵害个人信息造成公共利益受损的情形，可以由法定主体依法向法院提起公益诉讼。

从上述看出，近年来，立法和司法机关在依法规范和打击侵害公民个人信息权益，保障大学生个人信息安全方面积极主动出击，推进立法工作，加强以案释法宣传。由于在信息飞速流动的网络社会，大学生作为在数字经贸时代的一个代表群体，大学生个人信息区别于一般的个人信息，超出了个人私人领域的范畴，是高校和社会的共享资源，具有潜在的商业利益价值，公共价值属性强，关系到一定的社会公共利益。传统的私法保护模式已无法适应当前数字经济快速发展的保护需求，有待多元化的规范保护模式和强有力的监管机制相结合，以强化对高校学生信息权益的保护，而引入公法规制的方式保护大学生的个人信息，即通过行政法层面加强规制，这既是个人信息保护的新路径，也是完善大学生权利保护研究的新突破，更是对加强特殊群体的个人信息保护方面有着重大创新意义。

二、高校学生个人信息行政法保护的基本原理

（一）高校学生信息行政法保护的界定

本文认为，大学生个人信息行政法保护是指关于大学生个人信息保护的法律规范内容在行政法律体系中的具体体现，它的概念主要体现在两个方面，[1] 一个是行政上依法立法，另一个是行政管理领域。其一，在行政立法方面，第十三届全国人大常委会第三十次会议已通过了《个人信息保护法》，国务院、教育部及其有关部门应当积极出台涉及个人信息保护配套的行政法规，《民法典》已明确规定了个人信息保护的法律规定，说明当前个人信息的保护已经产生了现实性和紧迫性的需要，但不妨碍其他机关出台相关个人信息保护规定，和《民法典》一起相互配套实施，做到在民事、行政领域保护个人信息实现全面有法可依。同时有关行政法律法规的规定要明确高校和有关执法部门的权责，完善学生个人信息权益的救济。[2] 其二，在行政管理领域，高校以及相关部门要积极联合运用行政手段，防范和杜绝侵害学生个人信息的行为发生，积极主动履行法定义务，提升自身管理水平和技术手段，加强对各种有可能发生侵犯学生信息的行为的监管，在发生学生信息泄露或被第三方盗取的情形时要及时补救并且向公安机关报案，同时也要加强对学生信息安全维护意识的培

---

[1] 丁晓东：《个人信息保护原理与实践》，法律出版社 2021 年版，第 157 页。
[2] 张新宝：《从隐私到个人信息——利益再衡量的理论与制度安排》，载《中国法学》2015 年第 3 期。

养和加大对学生个人权利保护的法律法规宣传，切实有效保护学生个人信息安全。

（二）高校学生信息行政法保护的基本模式

自人类进入大数据时代以来，[1] 传统上对于个人信息保护模式不断受到利益平衡机制失灵、各主体间力量失衡、个人信息秩序失稳的严峻挑战。传统的个人信息保护模式在大数据时代难以为继的原因在于，在大数据时代，社会性取代个人性已经成为必然。随着个人信息不断社会化，对于个人信息的保护不能局限于私法领域，应当加强在行政领域对个人信息的保护，才能更好适应当下不断发展的社会现状。根据我国大学生目前的个人信息保护状况，总体上，我国大学生个人信息在行政法保护领域还有待完善，[2] 呈现出"重私轻公""偏民轻行"等特点，具体而言，我国在针对大学生个人信息保护的模式上一般还是以私法自治为前提，依赖民事程序而不重视行政程序。在保护的方式上，与一般个人信息采取的方式无较大差别，适用的法律上也主要是民事规范为主，以实际损害为前提，而缺少行政领域方面的法律规范，救济上也缺少对公权力主体侵害个人信息的国家赔偿责任的规定。本文认为，大学生个人信息保护的行政法基础在于高校对学生的教育行政管理权和高校基于法律法规对学生权利的保护义务，对大学生个人信息的保护不仅是基于维护学生合法权益的需要，也是关系到社会和谐稳定秩序的考量。为了更好地加强大学生个人信息在公法领域的保护，需要更好的定位大学生个人信

---

〔1〕 最高人民检察院检察理论课题研究组：《互联网领域侵害公民信息犯罪理论与实践问题研究》，载《人民检察》2017 年第 2 期。
〔2〕 张里安、韩旭至：《大数据时代下个人信息权的私法属性》，载《法学论坛》2016 年第 3 期。

息的权利性质。关于大学生个人信息的权利定位，无论是《民法典》还是《个人信息保护法》均未直接规定个人信息是权利，实际上，它也不应该是一种独立的民事权利。信息时代的不断推进，大学生们生活在无奇不有的网络世界里，高校及国家机关对大学生信息安全有着相关的保护义务，这种义务对应着是"个人信息受保护权"这一基本权利。这种权利并非排他性、独立性的支配权，从大学生的基本特点讲，[1] 这种权利相比于将自身个人信息定位为私权，学生的"个人信息受保护权"将更有效落实高校及其其他国家机关对学生个人信息的保护职责，将更有利于大学生的个人信息保护，对于高校信息管理的综合大数据平台，将学生信息用民事保护模式加以保护已显然不合适、不全面。

从制度构造上以及从学生和高校法律关系上，本文认为，[2] 意思自治、平等主体间的民法保护方式已经不符合时代发展潮流。因为学生在主要管理学生信息的高校这一强大主体前，二者是不平等的行政管理法律关系，私法保护路径已无法应对高校在处理学生个人信息的不对称权力结构，无论是高校处理大学生个人信息，还是其他国家机关处理个人信息，无论是基于学生利益还是高校管理或公共利益需要处理学生个人信息，处理者与大学生都不是平等主体的法律关系，正如张新宝教授指出：面对强大的个人信息处理者，抽象的权利容易被虚化，沦为"纸面上的权利"。大学生个人信息的保护确实需要国家的行政规制。

从功能性质和海外的经验来看，将我国大学生信息"行政

---

〔1〕 丁晓东：《个人信息的双重属性与行为主义规制》，载《法学家》2020 年第 1 期。

〔2〕 程啸：《民法典编纂下的个人信息保护》，载《社会科学文摘》2019 年第 11 期。

化"保护是有实践意义的，一直以来的"私权化"保护模式已经明显不足，首先从大学生个人信息的特点出发，大学生个人信息具有公共性、分享性等特点[1]，一旦将学生的个人信息直接定义为所有权客体的内容，可以任意排他支配，将阻碍学生在学校日常学习生活的正常社会交往和同学间的人际关系，也不利于学校在校园公共安全和学生日常行为纪律方面加强管理，无法释放其应用的公共价值，不便于高校正常开展工作。因此，应当从公共本位的理念出发，构建一整套以良好校园秩序构建为首要目标、以多重价值平衡为价值取向、以校园安全利益最大化以及兼顾学生权益保护为最终追求的大学生个人信息保护体系，并与《民法典》中的相关规定共同完成大数据时高校大学生的个人信息保护的重要任务。

（三）高校学生信息保护的责任主体

为了在公法层面加强对大学生个人信息的保护，首先必须要明确承担具体保护责任的主体，主体的明确是研究大学生个人信息行政法保护的首要因素。所谓承担个人信息保护的责任主体，也即谁来履行大学生个人信息保护职责，由哪些机关、机构、事业单位或团体拥有对大学生个人信息保护的权限，只有明确了保护的主体，才更好地区分权利保护的范围和内容，也是准确定性法律责任的大前提。

一是县级以上行政机关。在我国，承担对公民个人信息保护的主体主要是县级以上地方政府有关部门，从前述规定可以看出，承担公民个人信息保护的主体主要是有关的国家机关，具体

---

［1］ 刘曼：《大数据时代的个人信息保护》，载《人民法院报》2019 年 5 月 16 日，第 7 版。

规定还需要进一步明确。例如公安机关主要用《中华人民共和国网络安全法》（以下简称《网络安全法》）对泄露、窃取等侵害公民个人信息的行为进行行政制裁，工商行政管理部门也可对侵害消费者个人信息的行为进行警告或罚款。对大学生而言，承担对其个人信息保护的责任主体不限于一般公权机关，要立足于高校与学生法律关系的出发点，考虑大学生群体的特殊性，坚持以学生为中心的权利保障理念，充分维护大学生的合法权益。

二是高校及其教育主管机构。笔者认为，承担大学生个人信息行政法保护的责任主体，应当分为两方面，一方面是以国家机关为主的承担信息保护的监管和制裁主体，另一方面是以高校为主的承担学生个人信息保护的预防和监督主体。两者权限和分工有所差异，从高校与学生关系来看，是一种集合法律关系，是一种不平等的管理关系，是一种民事平等法律关系。有关的教育法规里都规定高校和学生的权利义务，虽然没有规定对学生个人信息的保护，但是两种法律里规定的权利保护是一个广义的概念，应当包含学生个人信息在内的一切合法权利，我国个人信息保护的立法状况相对比较滞后和分散，加之涉及大学生保护的法律法规出台时间较早，并没有实际立足于当前大数据时代，所以对于大学生个人信息的保护也是一个空白点。但不意味着高校不承担对学生信息安全的保护义务，学生的个人信息也是学生在校权利组成的重要部分，高校对此也要重视和积极保护，但基于高校在行政上的定位，高校对学生的信息保护主要在于预防和维护，而不是制裁相关主体。比如提高学校信息技术维护的水平，规范内部工作人员的工作行为，以防止学生信息被不当泄露。对侵害学生个人信息或有可能发生学生信息被侵犯的行为，要及时向有关机关反映或举报，配合相关部门查处和打击侵害学生个人信息的违法行为。因此，承担高校学生个人信息保护的主体应该是以政府有关职能部门为主，高校为辅的主体机制，二者相互配合、互相监督，共同构成大学生个人信息权利保护的联合主体。

（四）行政法保护与私法保护的区别和衔接

在行政法律法规方面，目前尚无对大学生个人信息保护有统一的规定，《个人信息保护法》已于 2021 年 8 月 20 日公布经全国人大常委会表决通过。我国现阶段对学生个人信息行政法保护的研究处于初步探索阶段。相关的教育管理类法律法规中涉及大学生权利保障的法律法规对大学生权利保护也没有具体细致到大学生个人信息的保护，民事法和刑事法是目前公民保护自己信息的主要法律规范。关于大学生信息权利的保护，不同的法律有不同的规制方式和手段，救济的方式也不同。从法律规范的角度来看，行政法上的保护涉及的部门法比较广泛和多样，主要有《中华人民共和国高等教育法》（以下简称《高等教育法》）、《网络安全法》、《治安管理处罚法》，等等。而民事法律规范涉及的部门法是《民法典》，首次在人格权编规定了个人信息保护。综合来看，行政法律规范对于个人信息的保护相比于民事法律规范要更加全面、广泛、细致，二者的区别主要表现在以下几方面：

首先，在权利性质认定方面的不同。在权利性质方面，我国行政法上对于个人信息的权利性质并不太偏向以独立性质的权利去保护，《个人信息保护法》将个人信息权利类型具体化，保护上更偏向于一种独立权利的保护。而《民法典》将个人信息权利规定在第五章民事权利一章中，从字面意义上将个人信息规定为个人信息权，国内大多民法学者更偏向认为是一种民事权利，认为个人对自己的信息有和物权一样可以无条件支配的权利，对其的保护主要是以人格权作为权利基础，并以此区分和隐私权的内在关系。大学生的个人信息是一种复杂的综合权利客体，兼具人身和财产的属性，它包含了人身自由、人格尊严、物权、类似于虚拟财产的财产权等多种权利。[1] 涉及的内容和领域十分广泛。将其作为人格权中的隐私保护确实不够深入和全面。而新公布的《个人信息保护法》将自然人的个人信息权益类型细化，也区分了敏感和非敏感信息的种类，这对于大学生个人信息保护领域是十分有借鉴意义的。涉及行政管理领域对于个人信息保护的行政性立法还比较分散和单一，由于大学生个人信息行政法的保护所要规范的主体包括了高等学校和政府在内的公共部门，因此，未来《个人信息保护法》的出台不但对个人信息的保护有重要影响，而且还对高等学校和有关职能部门对大学生信息管理进行规范起着重要作用。

其次，权利救济方面有不同之处。在大学生个人信息遭受侵害的权利救济方面，民事和行政方面的救济也有着本质的区别。行政法层面对大学生们的保护偏向于主动性，民事法律层面更偏向于被动性，主张"不告不理"。当今互联网发展十分迅速，大学生作为互联网时代的生力军，网购、参加线上教育培训、网上找兼职、应届毕业生网络求职等一系列线上活动，似乎成了当今大学生生活中不可缺少的一部分，加之大学生本人心智特点不够成熟、诉讼经验不足，在个人信息权利遭受不法组织或个人侵害时，往往会束手无策，这些功能如果监管不到位，会给学生带来

---

〔1〕　刘磊、彭云杰：《高校管理中大学生隐私权保护的法律思考》，载《教育科学》2012 年第 4 期。

严重的损失。比如：学生在网上进行线上课程培训、网络找兼职、网购往往会填写个人姓名和联系方式，违法犯罪人员会利用相关监管部门的技术漏洞获取学生信息，然后发送木马链接或虚假购物链接来盗刷学生银行卡，类似的案件已在多地发生。所以对于大学生信息的保护民事救济方式有一定局限，民事救济强调"谁主张谁举证"原则，不告不理。大学生群体人员广、知识和素质层次不齐，法律常识和信息保护意识还有待加强，在进行个人信息维权诉讼的时候往往会陷入举证难导致自己处于不利地位，而且诉讼过程的漫长性，会增加学生诉累和负担，不利于个人权利保护。而在行政执法和行政诉讼方面，加大执法监管的主动性和行政诉讼关于举证责任倒置的规定，将有利于大学生们的个人信息保护维权。

两者的保护虽然存在一定形式上的区别，[1] 但也有可衔接之处，《民法典》与其他公法性质的法律法规并不是排斥和分离的，只是侧重点不太相同而已，两者相辅相成、相得益彰。私法的保护应当以公法为基础、公法的保护应当以私法为参照，两者在加强个人信息保护方面是可以做到无缝衔接的。身处于互联网大发展大变革的时代，大数据应用已深入社会的方方面面，面对新的情况和现实变化，个人信息的定义和价值已经相比过去有所不同，以往的个人信息保护方式已经不符合时代发展所需，应将社会化保护作为个人信息保护的出发点和落脚点，并在此基础上形成一整套以维护稳定和谐的信息安全秩序为主要目的、平衡多种利益矛盾体、以国家利益和安全为主兼顾个人信息保护的个人信息保护体系，《民法典》目前已经生效，在当前的大数据环境

---

〔1〕 丁晓东：《个人信息保护原理与实践》，法律出版社 2021 年版，第 205 页。

下，各种潜在影响大学生信息安全的因素难以预测，对此，以
《民法典》为核心的私法体系应当与公法和私法结合的《个人信
息保护法》做到相互配合，共同担负起大数据时代大学生个人信
息保护的重任。

三、《个人信息保护法》视角下对大学生个人信息行政法保
护的意义

（一）立法目的明确，规制对象广泛

2021 年 8 月 20 日，第十三届全国人大常委会第三十次会议
表决通过《个人信息保护法》，从这部法律的内容来看，有很多
值得肯定的地方，它所规定的制度契合当下我国个人信息保护的
需要，并且它吸收了国内各大专家学者的意见和国外先进经验，
对当前大数据时代个人信息的保护提供了制度支持。11 月 1 日将
生效的《个人信息保护法》无疑对各行业包括本文所研究的大学
生个人信息行政法保护影响非凡，将对我国大学生个人信息保护
提供清晰的指引。

《个人信息保护法》最大之处就是基于部门法的定位，从而
保证了整部立法总体而言具有妥当性。从我国立法现状来看，对
大学生个人信息保护所涉及的法律规定，包括《网络安全法》和
《民法典》，而 2018 年修订的《高等教育法》未涉及学生个人信
息的保护问题，2021 年新修改的《未成年人保护法》也对处于
无、限制民事行为能力的未成年的个人信息保护作出了规定，这
是完善教育行政立法可以适当参考和借鉴的合理经验。

首先，《个人信息保护法》并非《网络安全法》的下位法，
其任务并非对《网络安全法》个人信息保护方面的原则性条款进

行具体化。《网络安全法》在开头就释义了该法的立法目的是"保障网络安全以及网络安全的监督管理"。即使该法对个人信息方面的内容作出了规定，它调整的也仅仅是网络安全中的个人信息安全，而并不调整非发生于网络空间、与网络运营者无关的个人信息保护问题。大学生群体作为网购的频繁者虽然是网络上最活跃的群体之一，但是基于学生群体的身心特点，网络空间也仅仅是学生活动的一部分，大学生的活动也不局限于网络空间，具体还包括有包含关系、校园生活、参与线下应届生招聘会、线下培训机构报名等活动，所以仅靠《网络安全法》规制是远远不够的，而《个人信息保护法》对个人信息的保护不局限于网络活动，既包括发生在网络空间中的，也包括发生在传统物理空间中的，这对大学生群体日常活动的信息安全保障方面提供了有力的法律支撑；从规范主体上来说，其规范的个人信息处理者既包括一般的社会主体，也包括国家机关等其他非网络运营者主体。因此，该条款也明确说明了《个人信息保护法草案》不仅规范社会一般机构、组织和个人，还约束高校在内的行政主体真正做到有效衔接。

其次，《个人信息保护法》并非《民法典》的下位法，其任务也并非对《民法典》的个人信息条款进行具体化。[1]《民法典》第四编第六章呼应时代的要求，对个人信息这一新型的人格权益作出了重要的规定。它对于发生于平等的私主体之间的个人信息处理提供了重要的指引，对于《个人信息保护法》的制定也提供了重要的参考。但是，《民法典》毕竟是调整平等私主体之间法律关系的基本法，尽管它亦应体现和反映《中华人民共和国

----

〔1〕　程啸：《民法典编纂视野下的个人信息保护》，载《中国法学》2019年第4期。

宪法》（以下简称《宪法》）的价值和原则，[1] 但若要对并非平等的"国家—公民"之间的法律关系作出规定则"名不正、言不顺"。过去，传统的个人信息保护一般是以私法保护为原则，大学生的个人信息受侵害的救济途径也主要是以民事救济为主。在目前信息化快速发展的时代，大学生个人信息呈现出共享性和公共性特征，私法保护手段力度已远远不够，而《个人信息保护法》是个人信息保护领域的基本大法，是一部带有综合性的社会法。它不仅调整其中的私法法律关系，也调整其中的公法法律关系，但主要还是公法属性为主，对于个人信息急需行政法保护的大学生们，正是基于对该法定位的清晰把握，立法者才能够有底气在《个人信息保护法》第 2 条强调规定"任何组织"均不得侵害个人信息权益，这里的"任何组织"不仅包括作为私主体的法人和非法人组织，也包括了行使国家职能和公共管理职能的国家机关、社会团体和组织等。高校作为掌管大学生信息数量最多的行政主体，《个人信息保护法》的这一条为规制高校收集处理学生个人信息的行为提供了法律依据，该法第二章第三节也对国家机关处理个人信息做出了特别规定，高校虽然不是国家机关，但也是授权行使部分公权力的事业组织，在行使具体行政权力的同时也应当参照使用本条的规定。

（二）完善的利益平衡机制，助于协调高校与学生的利益冲突

制定《个人信息保护法》，最核心的任务就是在个人信息保护与大数据利用之间进行利益衡量。一方面，个人信息作为人格

---

〔1〕 王怀勇、常宇豪：《个人信息保护的理念嬗变与制度变革》，载《法制与社会发展》2020 年第 6 期。

权益，直接根植于个人信息自决权，其价值与人性尊严具有实质性的紧密联系，是应该受到法律严格保护的；另一方面，在大数据产业迅猛发展、数据已经成为新的生产要素的时代背景下，如果对个人信息处理者过于苛责，则可能会损害其数据权益，不利于大数据的自由流通和高效利用，也不利于推进大数据产业的发展。本文认为，基于高校与学生的特殊关系，从平衡教育管理权和学生个人信息权益方面，该条的规定还是体现了一定的妥善性，具有谨慎的态度。这一谨慎态度首要的体现在延续了《民法典》的谨慎措辞，在第 1 条并未将个人信息规定为个人的"权利"，而只是作为"权益"予以保护。[1] 在高校与学生关系上，如果将学生信息规定为学生个人信息权利，这会将个人信息作为一项私有财产去保护，基于财产的排他性和支配性特点，这会将利于高校开展合理的教学管理，降低了高校的日常运作效率，从而不便于校园安全的维护，也变相影响了大学生的正常生活。尤其基于当前新型冠状肺炎疫情的防控需要，各大高校为了加强疫情防控工作，必须利用大数据功能处理学生信息，保证疫情防控政策准确实施。所以这一规定表明了立法者并未罔顾个人信息处理者的数据权益于不顾，而是基于谨慎的利益衡量作出的制度安排。

（三）确立了生物识别信息保护规则，高校人脸采集应依法而为

《个人信息保护法》的最大亮点之一就在于规定了人脸识别这一新生事物，回应了当下社会的广泛需求。近些时间，针对人

---

〔1〕　韩旭至：《个人信息保护中告知同意的困境与出路——兼论〈个人信息保护法（草案）〉相关条款》，载《经贸法律评论》2021 年第 1 期。

脸识别的争议在国内引发纠纷频发，国内的首例人脸识别案子也在近期宣判，法院判决认定人脸属于个人敏感信息，处理应受到严格限制。《个人信息保护法》第 26 条规定了在公共场合采集人脸信息应当基于公共安全和公共利益的需要，在疫情防控的阶段，各大高校也在校门和宿舍门口都安装了人脸采集系统加强校园管理，避免不必要人员随意进出高校以防止疫情传播，该举措的正当性毋庸置疑，这是在特殊疫情防控时期采取的必要手段，目的是维护校园公共安全，合法合理。对人脸识别技术而言，其收集方可能是公安机关、事业单位、也可能是其他商业机构或个人。对于大学生而言，一般都不会排斥公安机关或高校采集人脸信息，因为这些主体有收集的必要性，比如大学生在读期间需要办理异地户口迁移或者高校毕业证、学位证授予，这些事务都需要收集个人人脸信息。

高校自身的公信力和依法拥有的职权决定了有采集学生人脸信息的正当性理由，但这并不代表采集学生面部信息不受基本规范的约束，而是应当做到审慎合理，在尊重学生的信息自决权基础上展开。当下国内某些高校为了校园纪律的管理，扩大了人脸信息的采集范围，比如某些学校在课堂装监控头观察学生的上课情况，把在课上睡大觉、不好好听讲把手机拿出来玩的学生拍下来，还有用人脸识别做上课考勤，然后把上课缺勤、学生上课违反课堂纪律的行为公之于众，在全校通报，这其实就违反了《个人信息保护法》关于人脸信息采集的规定，也不符合《个人信息保护法》第 6 条规定的收集个人信息应当遵循合理必要的原则。随着《个人信息保护法》未来的不断落实，对杜绝此类行为将有章可循，也为学生在行政规范层面保护自身面部敏感信息方面提供必要的指引。

四、高校学生个人信息行政法保护的优化对策

（一）完善教育行政性立法

结合我国大学生个人信息保护行政性立法上的不足与缺位，尤其是个人信息泄露将严重影响到大学里的生活、学习等一系列活动，因此，为了加强对学生个人信息的保护，应当以我国高校的现实状况为重点，然后选择性地学习域外国家和地区保护大学生个人信息的先进宝贵经验，制定并完善一套针对大学生个人信息保护的教育类法律法规[1]。

2018 年《高等教育法》进行了第二次修订，但目前我国高等教育立法现状，仍存在调整对象不具体、权力内容不清晰、法律责任不明确等问题。笔者认为，鉴于当下侵犯大学生个人信息的行为已经成为全社会公害，加快出台针对大学生群体权利保护的专门法律法规刻不容缓，然后专章增设保护大学生个人信息的章节，使大学生个人信息保护在法律上有法可依。如制定《高等学校学生权益保护法》、《普通高等院校学生信息安全保护办法》等，积极完善教育类的法律、法规、规章进行权利保护规定，使之成为一套体系上下协调、权利内容丰富、救济渠道多样、层次结构分明的大学生个人信息保护制度[2]。

（二）发挥行政公益诉讼的监督职能

身处大数据时代，大学生的个人信息泄露事件频发，大学生个人信息的保护已经上升到社会公共利益问题，检察机关也在解

---

　〔1〕　包万平、李金波：《高等教育法的制定、完善及未来面向》，载《中国高教研究》2016 年第 8 期。

　〔2〕　郑利霞：《中国高等教育制度的反思与重构》，2011 年南京大学硕士学位论文。

决这一问题。大学生作为特殊的互联网消费群体需要多方面的保护，大学生的个人信息泄露极易让其处在被侵害的风险之中，比如被冒名办理信用卡、被实施诈骗等。浙江省余姚市检察院相关负责人认为，在大学生个人信息保护方面，市场监管部门和教育部门应给予相应支持，

《宪法》第 134 条明确规定人民检察院是国家的法律监督机关，具有根本法效力的宪法确立了检察机关的法律监督地位，使得检察机关提起公益诉讼，履行公益保护职能更具权威性。随着各类危害公共利益案件频发，探索新领域公益诉讼成为检察机关改革的一项内容，越来越多"等"外公益诉讼案件进入公众视野。截至目前，"个人信息保护"尚未明确列入公益诉讼相关法律中，但并不是完全无法可依，比如 2021 年 1 月 1 日，民法典正式生效后，1 月 8 日，杭州市互联网法院公开审理了一起个人信息侵权公益诉讼案[1]，该案是《民法典》生效后的首起个人信息公益诉讼宣判案，该案的审理也综合运用了民法、行政法和刑法的理念，是民事、行政、刑事责任的共同认定，所以受案范围不应当仅局限上述几项内容。随着侵害大学生信息的违法行为愈来愈严重，保护大学生信息安全已经成为一个全社会的问题，关系到社会的公共利益。所以应该根据实践的需要而不断扩大和发展，可见，此处的"等"为"外等"，司法者和执法者在适用法律时应当根据社会的发展变化灵活适用法律。

当前关于个人信息保护力度尚不充分，也没有个人信息公益保护的法律规定，由检察机关率先破冰开展个人信息行政公益诉

---

〔1〕 杭州市富阳取人民法院（2019）浙 0111 民初 6971 号民事一审判决书：郭兵诉杭州野生动物园世界有限公司，载裁判文书网：http://wenshu.court.gov.cn，最后访问时间：2021 年 10 月 18 日。

讼保护，能充分发挥检察机关法律监督的公权力优势〔1〕，更好地督促高校和其他行政机关履行对大学生群体个人信息保护的职责，并进一步带动公益团体等其他社会组织发挥个人信息保护的功能。

（三）协调行政处罚法与个人信息保护法的衔接

高校学生权益保护法律的交叉性决定了针对特殊群体的个人信息保护专门立法必须妥善协调个人信息保护法与行政处罚法的关系。以《个人信息保护法》和《中华人民共和国行政处罚法》（以下简称《行政处罚法》）为核心的高校学生个人信息行政法保护的基本法律制度有不少衔接问题需要在大学生权益保护专门立法中解决，比较典型的是关于行政责任类型的认定，2021 年 11 月 1 日将实施的《个人信息保护法》规定的侵害个人信息的行政法律责任主要是罚款，2021 年 7 月 15 日新修的《行政处罚法》第 9 条除了传统的几类处罚种类，还新增了通报批评、降低资质等级、限制开展经营活动、责令关闭、限制从业等五大种类〔2〕。为了更好地规范数字社会下的个人信息处理主体的行为，必须加强两者间在行政责任规制上的衔接，优化行政处罚责任类型，加大侵害大学生等特殊群体个人信息的行为，对高校疏忽管理导致信息泄露的行为、社会上的各类主体为了追求商业利益而非法获取大学生个人信息进行获利的不法行为，除了适用行政处罚的财产罚之外，也应当加大对违法主体的声誉罚等行政惩戒力度，做到处罚有力，规制有序。

----

〔1〕　刘艺：《行政公益诉讼管辖机制的实践探索与理论反思》，载《国家检察官学院学报》2021 年第 4 期。

〔2〕　胡建淼：《论"行政处罚"概念的法律定位 兼评〈行政处罚法〉关于"行政处罚"的定义》，载《中外法学》2021 年第 4 期。

结 语

大学生个人信息的保护本来就是一个统筹多个部门法等诸多法律的复杂问题。尽管现阶段我国对于大学生这个特殊群体的行政保护工作千头万绪，但可以乐观地说，随着《个人信息保护法》即将生效实施，《民法典》的逐步落实，各种法律保护大厦之落成，相关的校园管理制度、个人信息安全规范制度、公民个人信息权益救济的制度、行政教育立法制度等等，也将不断完善。本文认为，全社会加强对大学生个人信息的保护已经到了一个迫切需要的地步，一些现实的困境并不会阻碍当下我国保护大学生个人信息的决心和信心，这几年全社会都在密切关注大学生信息安全，国家也在加强这方面的保护力度，笔者坚信，未来随着相关法律法规的完善，特殊群体的信息安全保护也会上一个台阶！